JN049967

東大卒税理士が教える

会社を育てる
節税の新常識

斎尾 裕史

同文舘出版

はじめに

　まず、簡単に自己紹介をさせていただくと、私は1998年に東京大学農学部を卒業した、根っからの理系人間です。その後、紆余曲折ありながら2012年に税理士事務所を開業し、今に至ります。

　税理士になったからには、少しでも税金が安くなるようお役に立ちたいと思い、さまざまな「節税本」を読んできました。そして、その内容をお客様に勧めてきました。

　しかし、実際に「節税」を実行していくと、違和感を覚えることが多くなってきたのです。

　例えば、掛金の一部が経費になる保険に入れば、法人税が安くなります。しかし、その保険を解約し、返戻金（へんれいきん）が入ってくれば、その返戻金に法人税が掛かり、トータルでは得をしません。

　社長の役員報酬を増やせば、法人税は減りますが、社長個人の所得税や社会保険料は増えてしまいます。

　また、役員報酬は所得税等が高いので、役員報酬を減らして会社の利益にしたほうが得だという人もいます。たしかに会社に掛かる法人税のほうが安いケースもありますが、会社に残したお金を社長が私的に使うことはできません。社長の生活費に回すためには、また所得税等を払う必要がでてきます。

どの節税本を読んでも、目先の税金を安くする方法を書いているだけで、将来まで含めて支払う税金のトータルについてはほとんど触れられていません。極端な言い方をすると、今年の税金が100万円安くなれば、来年は150万円税金が増えてもかまわない、という内容が多いのです。

　ましてや、老後にもらえる年金額の増減まで計算をしている税理士は、まったく見たことがありません。税理士は社会保険については専門外なので仕方ないのかもしれませんが、「こうしたほうが得ですよ」と言って節税を勧める以上、社会保険料の負担や将来もらえる年金で損をさせてはいけないと思います。

　ただ、実際に法人税や所得税といった税金、健康保険や厚生年金の金額、将来もらえる年金の額まで加味して計算するのは非常に大変です。1つの会社の節税プランを作るだけで、丸一日掛かります。

　そこで理系の強みを活かしてプログラムを作り、会社や社長個人に掛かる税金や社会保険料、将来もらう年金など、すべてのパターンを計算し、分析してみました。すると、私の常識が覆されるような結果が出たのです。

・会社の所得は800万円が理想である
・会社の所得が800万円に満たない場合は、役員報酬を削ってでも所得を増やしたほうがよい
※税引前利益が848万円程度のとき、所得が800万円となる

これが、細かく計算した結果です。役員報酬を削ったら生活できないと思われる方もいらっしゃるでしょうが、その代わりに会社から配当を多くもらえば、かえって手取りが増えるのです。

「利益が600万円出ていますので、節税のために生命保険に入りましょう。役員報酬も増やしましょう」と勧められたことはありませんか。私も以前は、お客様にそのように言っていました。しかし節税の観点から言えば間違っていたと思います。

　本書では、世の中で「節税」と言われている方法の問題点を指摘するとともに、本当の意味で社長が得をする、手取りを増やすことができる方法を解説していきます。さらに、資金繰りを安定させたり、銀行の評価も高くなるなど、会社を育て、発展させるための提案もしています。
　また、消費税のインボイス制度導入の影響や、相続税の節税など、中小企業の社長にぜひ知っておいていただきたい内容も盛り込みました。本書の内容を節税の新しい「常識」として、ぜひ実践してください。

　なお、1章については、株式を社長か家族だけで所有している小さい会社（税引前利益がおおむね2,000万円以下）を想定して書いています。2章以降については、基本的にどのような会社でも役立つ内容になっています。

　なるべくわかりやすい言葉で説明するように心掛けましたが、

具体的な税額の計算などは、難しく感じられる方も多いと思います。そのような場合は、各節の最初の会話文をご理解いただければ、解説は読み飛ばしてもかまいません。具体的に実行されるときは、顧問税理士にご相談ください。

　税理士の方が本書を読まれる場合は、計算の一部を簡略化したり、細かい条件を省略している都合上、不足があると感じられる点もあると思います。

　本書の趣旨をご理解の上、本書の内容についてアドバイスされる際には、お手数ではありますが、最新の法令や通達をご確認くださいますようお願いいたします。

　なお、本書の内容についての疑問点のある方や、税金の計算過程について知りたい方は、hirofumi@saio.biz までメールでお問い合わせください。原則すべてのご質問に回答いたします。

　本書が、皆さんの手取りを増やすだけでなく、会社のさらなる成長・発展に寄与できれば幸甚です。

2021 年 4 月　　　　税理士・中小企業診断士・MBA

斎尾　裕史

本書の用語の使い方について

　本書は、主に一般の方を対象にしていますので、専門用語は一般的に使われている言葉に置き換えて説明しています。

　例えば、以下のように表記しています。税務の勉強をされている方には違和感があるかもしれませんが、あらかじめご了承ください。

・法人税、住民税及び事業税　　→　法人税
・所得税（復興税含む）、住民税　→　所得税等
・損金　　　　　　　　　　　　→　経費

本書の税額等の計算方法について

　本書では、「この給料が毎年続いた場合」の所得税・住民税や社会保険料を算定しています。実際は、給料が変わっても住民税や社会保険料はすぐに変更されないため、誤差が生じます。また、年齢は40歳以上で、生命保険料控除、扶養控除などはないという前提で計算しています。

　法人税等の税額については、本来は法人所得で計算しますが、一般の方にはわかりにくいため、本書では税引前利益をベースに計算しています。「この税引前利益が毎年続いた場合」の所得の予想額に基づいて法人税を計算しているため、利益の変動が大きい場合は誤差も大きくなります。詳細は208ページもご参照ください。

　本書の内容は2021年4月1日時点の法令に基づいています。

はじめに

1章

今まで誰も教えてくれなかった！
社長の手取りが増える新・節税法

1 真の「節税」は社会保険料対策 ————————— 10

2 役員報酬を減らして配当でもらえ！ ————————— 14

3 配当は社会保険料の節減になる！ ————————— 18

4 会社の実質利益を計算しよう！ ————————— 26

5 役員報酬は月額 9 万 2,500 円がベスト？————————— 32

6 役員報酬の簡単な決め方————————— 42

7 実質利益が 2,000 万円を超える場合の役員報酬は？— 56

2章

社長も従業員もみんな喜ぶ！
福利厚生費の徹底活用法

1 「給与」ではなく「経費」で払え！ ————————— 62

2 社宅は大幅な節税になる ————————— 68

3 毎日のランチで節税しよう ————————— 76

4 夕食は経費でもっと豪華に！ ————————— 80

5 旅行やレジャーも経費で行こう！ ————————— 84

6 「退職金」は究極の節税方法 ————————— 88

CONTENTS

3章 法人税ゼロを目指してはいけない！
間違った節税から脱却する方法

1 「節税」のほとんどは「税の繰り延べ」である——— 98
2 税の繰り延べといえば倒産防止共済！——————— 104
3 車を買うなら中古車がいい？——————————— 108
4 生命保険は本当に節税になる？————————— 114
5 節税に「出口」はあるのか？————————————— 118

4章 知ってるようで意外と知らない！
生命保険をおトクに活用する方法

1 会社で契約すれば生命保険は半額？———————— 124
2 社長の退職金を生命保険で備えるメリット———— 128
3 従業員の生命保険を会社で契約しよう—————— 134
4 おトクに医療保険に入る方法——————————— 138

5章 消費税の仕組みが大幅改定！
インボイス制度の節税への影響

1 接待費の消費税は戻ってくる？————————— 144
2 簡易課税は節税になる？ 簡易課税・免税事業者とは — 148
3 インボイス制度で免税事業者が潰れる？————— 154
4 会社設立による消費税節税の最後のチャンス？—— 160

CONTENTS

6章 対策次第でこんなに変わる！
1円でも相続税を安くする方法

1 相続税対策、まず相続税の総額を試算する————166
2 税理士でも間違える⁉
 配偶者の相続割合で変わる節税額————172
3 こんな生前贈与をすると税務署が来る！————178
4 自社株式を引き継ぐときの注意点————182
5 アパート建築は相続税対策になるのか？————186
6 今すぐできる！　相続税を大幅に下げる方法————194

7章 もっと詳しく知りたい人のために！
本書の節税法を実践する際の注意点

1 配当と内部保留のバランスはどうしたらいいか？—202
2 税引前利益と所得はどう違うのか？————208

巻末資料————213

おわりに

カバーデザイン　　　ISSHIKI（柴田琴音）
本文デザイン・DTP　草水美鶴

1章

今まで誰も教えてくれなかった！

社長の
手取りが増える
新・節税法

A社長

税理士

1 真の「節税」は社会保険料対策

（A社長）「先生、今回は急なお願いで決算をしていただき、ありがとうございました！」

（税理士）「いえいえ。前の税理士の方が急に倒れられて、社長も大変でしたね」

（A社長）「これからは先生のところでお願いしたいと思っていますので、よろしくお願いします。ところで、今までは決算書をいただくときに役員報酬の額を決めていたのですが、相談に乗っていただけますでしょうか」

（税理士）「もちろんです。今期はどれくらい出されるご予定ですか？」

（A社長）「前期は月60万円で年間720万円もらっていましたけど、決算で171万円ほど利益が出てしまったので、月70万円くらいでどうでしょう」（決算書は右ページ参照）

（税理士）「なぜ70万円にされるのですか？」

（A社長）「役員報酬を10万円増やしたら年間120万円ですので、利益が120万円減りますよね。なるべく利益が少なくなるように役員報酬を決めていたのですけど……」

（税理士）「そう考えている人が多いのですが、節税が目的でしたら、その考え方は間違っていますよ」

（A社長）「え！　前の先生がそう言われていたのですけど」

A株式会社　損益計算書（洋菓子の製造・販売）

売上高		70,000,000
売上原価	20,000,000	
売上総利益		50,000,000
【販売費及び一般管理費】		
役員報酬（社長）	7,200,000	
法定福利費（社長）	1,090,000	
給料手当（社長以外）	17,000,000	
法定福利費（社長以外）	1,700,000	
福利厚生費	400,000	
接待交際費	300,000	
会議費	200,000	
旅費交通費	500,000	
減価償却費	700,000	
その他の経費	20,000,000	
合計	49,090,000	
営業利益		910,000
営業外収益	1,000,000	
営業外費用	250,000	
経常利益		1,660,000
特別利益	50,000	
特別損失	0	
税引前当期純利益（税引前利益）		1,710,000
法人税、住民税及び事業税		440,000
当期純利益（税引後利益）		1,270,000

社長の
社会保険料
（通常、損益計算書
では別記しません）

実際はもっと
細かく表記します

本書における
「利益」

配当にできる
金額

「それは、社会保険料の負担を計算に入れていないからだと思います」

「社会保険料って、健康保険とか厚生年金のことですか?」

「そうです。強制的に徴収されますので、広い意味では税金と同じですよね?」

「たしかにそうですけど……」

「A社長は、税金と社会保険料のどちらのほうが高いかご存じですか?」

「給与明細を見ると、社会保険料のほうが高そうですね」

「はい。月給60万円だと、社会保険料は年間216万円もかかります。それに対して、所得税や住民税といった税金は年間73万円です」

「3倍も違うのですか! そんなに払っていましたっけ?」

「半分は会社が払っているので、そんなに払っている自覚はないと思いますけど」

「会社が払ってくれるなら、いいんじゃないですか?」

「会社の社会保険料の支払いがなければ、その分、役員報酬を増やせますよね。そういう意味では、役員報酬を削って払っているのと同じではないですか?」

「たしかに、そうですね」

「本当の意味で『節税』をしたいのであれば、社会保険料をいかに安くするかも考えなければいけませんよ」

「でも、役員報酬を増やしたら、社会保険料は高くなってしまいますし、何かいい方法はあるのですか?」

「はい。実はいい方法があるのです」

　世の中には、「節税」の本がたくさんありますが、それらの本を読んでいて思うことは、社会保険料について計算している本がほとんどないということです。

　しかし、給与収入の人で年収1,500万円以下の場合は、所得税、住民税の合計よりも社会保険料のほうが高くなります。ほとんどの人にとっては、社会保険料のほうが負担が大きいのです。

　また、法人の所得（詳しい意味は7章をご参照ください）が800万円以下の会社であれば、法人税は21〜23％程度ですが、社会保険料は30％を超えています。こういう会社で役員報酬を増やすと、会社の利益が減るので法人税は安くなりますが、それ以上に社会保険料が高くなってしまいます。

　ですから、本当の意味で節税をしたいのであれば、社会保険料も含めて、どれだけ税負担を減らせるかを考えなければなりません。ところが、税金も社会保険料も計算が非常に複雑ですので、両方を合わせた節税プランを作ると、大変なことになってしまいます。そのため、社会保険料まで含めてアドバイスしている税理士はあまり多くないというのが現状です。

　本書では、税金や社会保険料の負担を減らし、社長の手取りを最も多くする方法を解説していきます。

2 役員報酬を減らして 配当でもらえ！

😎「まず、社長が会社からお金をもらうには、『役員報酬』でもらう方法と、『配当』でもらう方法があります」

😀「あの、『配当』って何ですか？」

😎「会社で法人税を支払った後に残った利益は、株主に支払うことができます。これを『配当』と言います」

😀「上場会社ならわかりますけど、うちの会社でも配当を払えるのですか？」

😎「御社の場合、利益が171万円で法人税が44万円ですから、残りの127万円を株主である社長に支払うことができますね」

😀「私、株主でしたっけ？」

😎「お忘れかもしれませんけど、社長が御社の株を全部持っておられますよ」

😀「すみません。忘れていました」

😎「普段はあまり株主であることを意識しませんよね。でも、書類を見るとA社長が株主となっていますので、配当をもらう権利があります」

😀「でも、今まで配当をもらったことは一度もないのですけど、なぜですか？」

「会社が配当を出すかどうかは自由です。それを決めるのも株主です。A社長が配当を欲しいと言えば、配当は出ますよ」

「私が欲しいと言わなかったから、出なかったのですね？」

「はい。そうです」

「配当をもらわなかったら、その分のお金はどうなるのですか？」

「その場合は、利益が会社に貯金されます。これを『内部留保』と言います」

「では、今までは内部留保をしてきたのですか？」

「そういうことになりますね。内部留保されたお金は、いつでも配当として出すことができます」

「なるほど、そういう仕組みなのですね」

社長が会社からお金をもらう方法は2種類

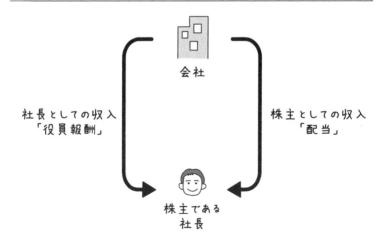

会社

社長としての収入
「役員報酬」

株主としての収入
「配当」

株主である
社長

解説

　お客様の会社に決算書のご説明に行くと、必ず話題になるのが「今期の役員報酬をいくらにするか」ということです。役員報酬は、原則として決算後の決められた時期に変更します。

　役員報酬は社長が自由に決めればよいのですが、当然、「もっとも節税になる金額はいくらか？」と尋ねられます。このような質問に、以前は、「役員報酬は経費になるので、赤字にならない範囲で少しでも多く出しましょう」と答えていました。そのときは私も、「配当を出す」という発想がなかったので、そもそも役員報酬で払うことしか考えていなかったのです。

　皆さんの会社で、配当を出したことはありますか？
「中小企業に、配当を出す余裕なんかないよ！」
　と思う方もいらっしゃると思います。私もそう思っていました。
　しかし、本来、会社というのは株主が配当をもらうために設立するのです。社長が株主であれば、役員報酬でも配当でも、どちらの方法でもお金がもらえます。そして、税金や社会保険料の負担が少ないほうを選べば、社長の手取りは多くなります。

　では、配当について、簡単に説明いたします。
　まず、配当は法人税を払ったあとの残りの利益から支払うことになっています。過去に配当として出さなかった利益（内部留保と言います）があれば、いつでも配当として出すことができます。

　配当を出すタイミングは決算後が一般的ですが、年に何回でも出すことができ、金額も自由です。でも、手続きや源泉所得税の納税に若干の手間が掛かりますので、毎月出すというのは大変ですね。年に1回、まとめて配当を出すか、多くても4回くらいが適切ではないでしょうか。給与と同じように、株主（社長）の銀行口座に振り込めばOKです。

　なお、A社の場合は、過去に内部留保があったという前提で本書は解説しています。開業したばかりの会社が、利益も内部留保もないのに配当を出すことはできません。まずは、役員報酬だけで生活することになります。会社に利益が出れば、配当を出したり、内部留保を増やすことができるようになります。

　他にも細かいルールがいくつかありますが、関心のある方は7章をご参照ください。基本的には顧問税理士に相談し、配当を出す際に必要な書類を作成してもらえばいいと思います。

　ところで、A社は株式を100％社長が所有しているケースですが、他人も株式を所有している場合は、原則として他人にも配当を出さなければなりません。そのため、役員報酬をもらう代わりに配当をもらう、という方法は難しくなります。

　ちなみに私は、中小企業の株式は、社長とその家族（夫婦や後継者）以外は持つべきではないとアドバイスしています。たとえ兄弟であったとしても、株を分けて持っていると、将来、経営上の問題が起こる可能性があります。事情もあると思いますが、可能な限り、株式は社長と家族が持つようにしてください。

3 配当は社会保険料の節減になる！

😊「ところで、先ほど会社からお金を『配当でもらう』とおっしゃいましたけど、127万円では生活できないですよね」

🤓「もちろんです。でも、役員報酬の720万円とは別にもらえるのですよ。あと、御社の場合は今までの内部留保があるので、800万円くらいまでは配当を出せます」

😊「合わせて1,500万円くらい出せるということですか？」

🤓「出すことは可能ですけど、利益を超える金額を社長に払ってしまうと、どんどん会社のお金が減っていって、経営できなくなってしまいますよ」

😊「では、どうしたらいいのですか？」

🤓「あくまで利益の金額以内で役員報酬と配当を出すべきだと思います。つまり、配当を出しても会社のお金が減らないように、その分の役員報酬を減らします」

😊「配当をもらった分、役員報酬が減るのだったら、トータルは同じではないですか？」

🤓「そう思いますよね。ところが配当には社会保険料が掛からないので、A社長の場合は役員報酬を減らして配当を増やしたほうが手取りは増えます」

😊「そうなんですか!?　そんないい方法があるなら、何で今ま

で教えてもらえなかったのでしょうか！」

「実は税金だけを比べると、役員報酬より配当のほうが少し高いのです。だから多くの税理士は『節税』の観点から、役員報酬を増やすように勧めてしまうのです」

「でも社会保険料って結構高いですよね？」

「そうなんです。社会保険料も税金と同様に『義務として納めなければならないもの』なので、トータルで考えなければ本当の『節税』にならないのです」

「トータルで考えたら、配当でもらったほうが得ということですか？」

「そうです。A社長の今の収入だと、役員報酬より配当のほうが得です。ただ、収入によっては、配当のほうが不利になる場合もあるので、ケースバイケースですね」

「なるほど。では、私は役員報酬をゼロにして、配当で全部もらえばいいのですか？」

「理屈ではそうなりますが、役員報酬をゼロにしてしまうと、社会保険を脱退して国民年金や国民健康保険に加入することになるので、かえって不利になります」

「国民年金や国民健康保険のほうが高いのですか？」

「国民年金は定額なので問題ありませんが、国民健康保険は配当をもらうと高くなるのです」

「配当をたくさんもらうのだったら、社会保険を脱退しないほうがいいということですね」

「はい。ですので、役員報酬を減らして社会保険料を安くし、配当をたくさんもらうのがベストです」

　A社は内部留保があるという前提ですが、皆さんの会社に内部留保がない場合、配当は決算の利益だけから支払いますので、少額しか出せないと思います。まず、少額でもいいので配当を出し、その分だけ役員報酬を減らしましょう。

　役員報酬を減らすと、その分、経費も減りますので、次の決算の利益が増えます。そうやって、役員報酬を減らしながら決算の利益を増やすことで、配当をたくさん出せるようになります。

　ここまで読んで、「役員報酬を減らしたくない。生活費が足りなくなる」と思われる方もいるかもしれません。しかし、役員報酬を減らした分は配当でもらいますので、むしろ手取りは増えます。配当には社会保険料が掛からないからです。

　ただし、条件によっては配当のほうが手取りが少なくなる場合もありますが、そういう場合は配当を増やしません。その判定方法については、このあと説明していきます。

　次に話を進める前に、社会保険の仕組みについて簡単に説明します。なお、健康保険については、「全国健康保険協会（協会けんぽ）」を前提に記載しています。

　いわゆる社会保険は「健康保険」と「厚生年金」の２つに分かれます。会社から給料（役員報酬も含む）をもらっている人は、パートさんなどの例外を除き、必ず社会保険に入らなければなり

役員報酬 600 万円、税引前利益が 200 万円の会社の例

額面 600 万円の収入を維持しながら、配当を増やしていくと、以下のようになります。

※わかりやすくするため、社会保険料は考慮していません。

1 年目 ----------------------------------○

役員報酬	600 万円（社長の収入）
税引前利益	200 万円
法人税	50 万円
税引後利益	150 万円（翌年の配当）

2 年目 ----------------------------------○

役員報酬	450 万円 + 配当 150 万円 =600 万円
税引前利益	350 万円（150 万円分の利益が増える）
法人税	82 万円
税引後利益	268 万円（翌年の配当）

3 年目 ----------------------------------○

役員報酬	332 万円 + 配当 268 万円 = 600 万円
税引前利益	468 万円（268 万円分の利益が増える）
法人税	110 万円
税引後利益	358 万円（翌年の配当）

4 年目 ----------------------------------○

役員報酬	242 万円 + 配当 358 万円 = 600 万円
税引前利益	558 万円（358 万円分の利益が増える）
法人税	130 万円
税引後利益	428 万円（翌年の配当）

ません。そして、社会保険料は、給料に一定のパーセントを掛けた金額になります。給料以外に配当などの収入があったとしても、それは反映されません。

「健康保険」は、「健康保険料」と「介護保険料（40歳以上のみ）」に分かれており、それぞれ10.0％（全国平均、都道府県で異なる）と1.8％です。また、「厚生年金」は厳密には「年金保険料」と「子ども・子育て拠出金」があり、それぞれ18.3％、0.36％です。

　これらの中で、「子ども・子育て拠出金」は会社が全額負担し、それ以外は会社と本人の折半となります。つまり、本人の負担額は15.05％、会社の負担額は15.41％、合計で30.46％となります（40歳以上の場合）。

　実際に計算する場合は、計算を簡略化するために、段階的に保険料が増えるようになっています。例えば、月給29万円以上31万円未満の場合は月給30万円で計算することになっています。健康保険料が10％だとすれば、月給が29万5,000円でも300,000円×10％＝30,000円（本人負担は1万5,000円）となります。24～25ページに一覧表がありますので参考にしてください。

　また、この段階には上限と下限があります。健康保険・介護保険の上限は月給139万円（保険料は年間197万円）です。厚生年金・拠出金の上限は月給65万円（保険料は年間146万円）です。仮に月給が200万円だったとしても、それぞれ月給139万円、

65万円として保険料を計算します。

　下限については、健康保険・介護保険が月給5.8万円（保険料は年間8万円）、厚生年金・拠出金が8.8万円（保険料は年間20万円）です。月給が1円だとしても、それぞれ月給5.8万円、8.8万円として保険料を払わなければなりません。

　ちなみに、月給30万円の場合の社会保険料は年間110万円です。月給30万円の所得税・住民税は高くても合計20万円程度ですので、いかに社会保険料が高いかがわかりますね（上記の保険料はすべて会社負担分を含みます）。

　社会保険に加入していない場合は、国民健康保険、国民年金に加入することになります。

　国民健康保険料は、配当なども含めた個人所得（収入）を基準として決まります。具体的には市町村で異なりますが、介護保険分（40歳以上のみ）も含めて所得の10%程度が目安で、上限の年間保険料は99万円です。国民年金は収入にかかわらず、月額1万6,610円（年間20万円）となります。いずれにしても、社会保険に比べて安く設定されています。

　給料がゼロの場合は社会保険を脱退して国民健康保険、国民年金となりますので、配当をもらっている場合は、配当が多いほど保険料が高くなります。

　社会保険も、国民健康保険・国民年金も、実質的には税金と変わりませんので、トータルで考えて、本当に手取りが多くなる「節税」を考えなければなりません。

給与額と社会保険料

標準報酬月額	報酬月額 (1ヶ月の給与額)		会社負担を含む保険料		
	円以上	円以下	健康保険 10.0%	介護保険 1.8%	厚生年金 18.3%
58,000	1 ~	62,999	5,800	1,044	
68,000	63,000 ~	72,999	6,800	1,224	
78,000	73,000 ~	82,999	7,800	1,404	16,104
88,000	83,000 ~	92,999	8,800	1,584	
98,000	93,000 ~	100,999	9,800	1,764	17,934
104,000	101,000 ~	106,999	10,400	1,872	19,032
110,000	107,000 ~	113,999	11,000	1,980	20,130
118,000	114,000 ~	121,999	11,800	2,124	21,594
126,000	122,000 ~	129,999	12,600	2,268	23,058
134,000	130,000 ~	137,999	13,400	2,412	24,522
142,000	138,000 ~	145,999	14,200	2,556	25,986
150,000	146,000 ~	154,999	15,000	2,700	27,450
160,000	155,000 ~	164,999	16,000	2,880	29,280
170,000	165,000 ~	174,999	17,000	3,060	31,110
180,000	175,000 ~	184,999	18,000	3,240	32,940
190,000	185,000 ~	194,999	19,000	3,420	34,770
200,000	195,000 ~	209,999	20,000	3,600	36,600
220,000	210,000 ~	229,999	22,000	3,960	40,260
240,000	230,000 ~	249,999	24,000	4,320	43,920
260,000	250,000 ~	269,999	26,000	4,680	47,580
280,000	270,000 ~	289,999	28,000	5,040	51,240
300,000	290,000 ~	309,999	30,000	5,400	54,900
320,000	310,000 ~	329,999	32,000	5,760	58,560
340,000	330,000 ~	349,999	34,000	6,120	62,220
360,000	350,000 ~	369,999	36,000	6,480	65,880

※子ども・子育て拠出金（0.36%）は省略しています。

標準報酬月額	報酬月額（1ヶ月の給与額）		会社負担を含む保険料		
	円以上	円以下	健康保険 10.0%	介護保険 1.8%	厚生年金 18.3%
380,000	370,000〜	394,999	38,000	6,840	69,540
410,000	395,000〜	424,999	41,000	7,380	75,030
440,000	425,000〜	454,999	44,000	7,920	80,520
470,000	455,000〜	484,999	47,000	8,460	86,010
500,000	485,000〜	514,999	50,000	9,000	91,500
530,000	515,000〜	544,999	53,000	9,540	96,990
560,000	545,000〜	574,999	56,000	10,080	102,480
590,000	575,000〜	604,999	59,000	10,620	107,970
620,000	605,000〜	634,999	62,000	11,160	113,460
650,000	635,000〜	664,999	65,000	11,700	
680,000	665,000〜	694,999	68,000	12,240	
710,000	695,000〜	729,999	71,000	12,780	
750,000	730,000〜	769,999	75,000	13,500	
790,000	770,000〜	809,999	79,000	14,220	
830,000	810,000〜	854,999	83,000	14,940	
880,000	855,000〜	904,999	88,000	15,840	
930,000	905,000〜	954,999	93,000	16,740	118,950
980,000	955,000〜	1,004,999	98,000	17,640	
1,030,000	1,005,000〜	1,054,999	103,000	18,540	
1,090,000	1,055,000〜	1,114,999	109,000	19,620	
1,150,000	1,115,000〜	1,174,999	115,000	20,700	
1,210,000	1,175,000〜	1,234,999	121,000	21,780	
1,270,000	1,235,000〜	1,294,999	127,000	22,860	
1,330,000	1,295,000〜	1,354,999	133,000	23,940	
1,390,000	1,355,000〜		139,000	25,020	

（令和3年4月時点の料率、健康保険は全国平均値）

4 会社の実質利益を計算しよう!

😊「結局、私の場合は役員報酬をいくらにしたらいいのですか?」

🤓「まず、今期の利益の予想はどれくらいですか?」

😊「前期と同じくらいだと思います」

🤓「わかりました。一番手取りのいい役員報酬を決めるには、まず、『会社の実質利益』を計算しなければなりません」

😊「『実質利益』とは何ですか? 初めて聞きましたけど」

🤓「はい。役員報酬をゼロにしたときの会社の利益を、私は『会社の実質利益』と呼んでいます」

😊「なぜそのような数字を出すのですか?」

🤓「例えば、社長が2,000万円の役員報酬をもらっていて、会社の利益がゼロだったら、その会社は儲かっていないと言えますか?」

😊「いえ。2,000万円も役員報酬をもらっているなら、儲かっていると思います」

🤓「逆に、役員報酬が100万円で、会社の利益が1,900万円だったらどうですか?」

😊「すごく儲かっているように見えますけど、普通に役員報酬を払ったらもっと利益は少ないですよね」

「そうです。結局、2,000万円を『役員報酬』と『会社の利益』に分けているだけなので、会社が儲かっているかどうか、という点では同じですよね」

「はい。同じです」

「この場合は2,000万円が会社の実質利益ということになります。この実質利益を役員報酬でもらったほうがいいのか、配当でもらったほうがいいのかを計算するのです」

「なるほど」

「あと、役員報酬を払うと、社会保険料も半分、会社が払わなければなりませんので、厳密に言うと、『社長の人件費』は『役員報酬』プラス『社会保険料の会社負担分』ということになります」

「たしかに社会保険料も掛かりますね」

「御社の場合、社長の役員報酬が720万円、社会保険料の会社負担分が109万円です。もし役員報酬がゼロであれば、利益が829万円増えますね」

「はい」

「もともと税引前利益が171万円でしたから、171万円＋829万円＝1,000万円が『役員報酬ゼロのときの利益』、つまり『実質利益』になります」

「そうなりますね」

「実質利益の額がわかれば、理論上、もっとも手取りがよくなる役員報酬の額はすぐわかります」

「いくらになりますか？」

「ちょっと待ってくださいね」

解説

　金融機関やM&Aを扱う会社などでは、「実質利益」という言葉を使うことがあります。会社の実態を正しく把握するために調整した利益のことで、必ずしも決まった定義はありません。

　私は、役員報酬をゼロと仮定したときの税引前利益、言い換えると、「社長の人件費」を払う前の利益を「会社の実質利益」と呼んでいます。A社の事例では、実質利益は1,000万円です。

　小さい会社の場合、社長の人件費は自分が決めるので、いくらでも調整できます。これを低くすれば会社の利益は多くなりますし、高くしすぎると赤字になってしまいます。本当に儲かっているかどうかは、社長の人件費を考慮しない利益で判断しなければなりません。そこで、本書では「税引前利益」＋「社長の人件費」を「実質利益」と呼ぶことにします。

　イメージとしては30～31ページの図のようになりますが、実質利益からまず「社長の人件費」を払います。社長の役員報酬には、従業員の給料と同じように社会保険料が掛かります。その社会保険料の約半分は会社が負担しますので、「社長の人件費」は「役員報酬＋社会保険料の会社負担分」となります。

　A社長の役員報酬は720万円、社会保険料の会社負担分が109万円ですので、社長の人件費は720万円＋109万円＝829万円となります。実質利益1,000万円から社長の人件費829万円を引くと、残り171万円が税引前利益となります。

　さらに、そこから法人税を44万円払いますので、差し引き127万円が税引後利益となります。この127万円を社長（株主）に配当として支払うことができます。

　配当として出さなかった分は会社に貯まっていきますが、これを「内部留保」と言います。「内部留保」はいつでも配当として社長（株主）に支払うことができます。

　図を見ればわかるとおり、役員報酬として社長に払えば、法人税を負担する必要がありません。法人税は役員報酬を経費として払ったあとの利益に課税されるからです。

　一方で、配当は経費にはならず、法人税を払った残りから出すことになります。さらに、配当をもらう人は、所得税や住民税も負担します。この所得税・住民税は、税率が低く設定されていますが、法人税の負担も合わせると、トータルの税金は少し高くなります。そこで「配当は税金が高くて損だ！」という考え方になってしまうのです。

　もし、社会保険料が無料であれば、まったくそのとおりだと思います。しかし、実際は役員報酬だけに社会保険料が掛かりますので、トータルでは配当のほうが手取りが多いということが起こるのです。

　では、A社の場合は、どのように役員報酬を設定すればいいのでしょうか？

　その方法について次節から説明していきます。

「役員報酬」と「配当」に掛かる税金などの負担

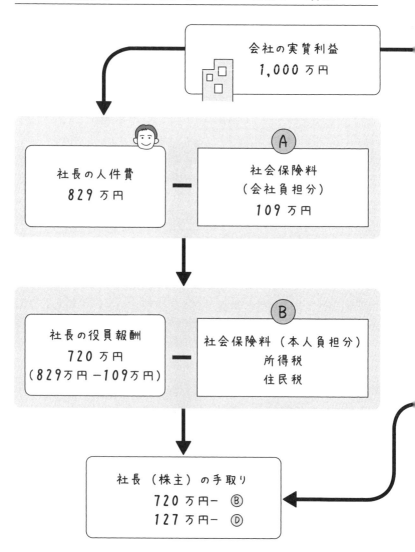

会社の実質利益
1,000万円

社長の人件費
829万円

ⓐ
社会保険料
（会社負担分）
109万円

社長の役員報酬
720万円
（829万円－109万円）

ⓑ
社会保険料（本人負担分）
所得税
住民税

社長（株主）の手取り
720万円－ ⓑ
127万円－ ⓓ

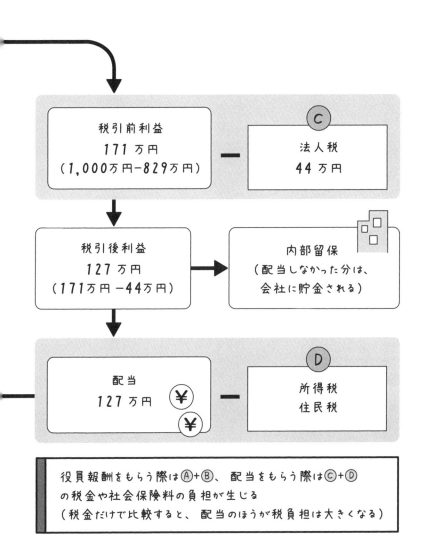

税引前利益
171万円
（1,000万円−829万円）

C
法人税
44万円

税引後利益
127万円
（171万円−44万円）

内部留保
（配当しなかった分は、
会社に貯金される）

配当
127万円 ¥
¥

D
所得税
住民税

役員報酬をもらう際は Ⓐ+Ⓑ、配当をもらう際は ©+Ⓓ
の税金や社会保険料の負担が生じる
（税金だけで比較すると、配当のほうが税負担は大きくなる）

5 役員報酬は
月額9万2,500円が
ベスト？

😎「会社の実質利益が1,000万円のときに、最も手取りがよく
　なる役員報酬の金額は……」

😀「どれくらいですかね？」

😎「わかりました。111万円です！」

😀「え、111万円ですか!?　ずいぶん多いですね」

😎「年間111万円ですよ。月給は9万2,500円です」

😀「えー！　それでは生活できないじゃないですか！」

😎「だから、配当をもらうのです。そのほうが手取りは多くな
　るのですから」

😀「本当にそうなるのですか？」

😎「まず、今までどおり月給を60万円にして、残った利益を
　配当でもらった場合、収入と支出は34ページの表のよう
　になります」

😀「やっぱり、社会保険料が高いですねー」

😎「次に、役員報酬を年間111万円、つまり月給を9万2,500円
　にした場合の収支が、35ページの表になります」

😀「もともとの手取りが645万円で、それが693万円になる
　ということは、手取りが48万円も増えるのですか！」

😎「そうですよ。でも、配当は経費にならないから、出すと損

をすると勘違いしている人も多いのですよ」

「そうなんですね。ただ、社会保険料を減らした分だけ、将来もらえる年金が減るのではないですか？」

「はい。減ります」

「手取りが増えた以上に将来の年金が減ってしまったら、意味がないですよね」

「そうです。だから社会保険料を払うことによって増える年金額も、手取りに足して計算しなければならないですよね。それを私は『手取り合計』と呼んでいます」

【役員報酬 720 万円の場合】

社長の手取り	645 万円
将来もらえる年金の予想額	＋39 万円
社長の手取り合計	＝684 万円

【役員報酬 111 万円の場合】

社長の手取り	693 万円
将来もらえる年金の予想額	＋6 万円
社長の手取り合計	＝699 万円

「将来もらえる年金の予想額も含めて計算すると、このような金額になりますよ」

「それでも役員報酬 111 万円のほうが、15 万円も得なのですね。給料を減らしたほうが手取りが増えるなんて、本当にビックリです」

会社の実質利益が 1,000 万円
役員報酬が 720 万円（月額 60 万円）のときの手取り

【会社の収支】

会社の実質利益	1,000 万円
役員報酬	−720 万円
会社負担の社会保険料	−109 万円
法人税	−44 万円
税引後利益（配当金額）	＝127 万円

【社長の収支】

役員報酬	720 万円
配当収入	＋127 万円
所得税	−48 万円
住民税	−48 万円
本人負担の社会保険料	−107 万円
社長の手取り	＝645 万円

会社の実質利益が1,000万円
役員報酬が111万円（月額9万2,500円）のときの手取り

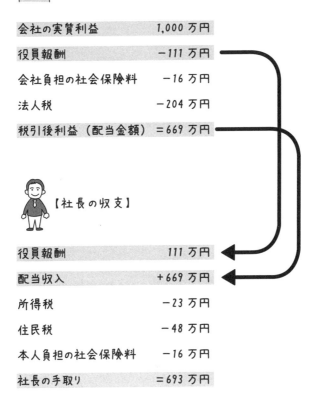

【会社の収支】

会社の実質利益	1,000万円
役員報酬	−111万円
会社負担の社会保険料	−16万円
法人税	−204万円
税引後利益（配当金額）	=669万円

【社長の収支】

役員報酬	111万円
配当収入	+669万円
所得税	−23万円
住民税	−48万円
本人負担の社会保険料	−16万円
社長の手取り	=693万円

※本書では、端数を四捨五入して記載しているため、合計が合わない場合があります。

解説

「役員報酬を月額10万円以下にする」と聞くと、驚かれる方も多いかもしれません。しかし、社会保険料の削減効果を計算すると、実は最も手取りがいいことがわかります。

では、社会保険料を削減しすぎたことによるデメリットはないでしょうか。また、将来もらえる年金はどれくらい減るのでしょうか。このことを説明いたします。

すでに説明したとおり、社会保険料は、大きく健康保険と厚生年金に分かれています。

まず、健康保険についてですが、病院などの診察を受けたときの自己負担額は、健康保険料をいくら払っているかにかかわらず、3割となっています。健康保険料をたくさん払ったからといっても、変わりありません。

それどころか、高額な医療費（高額療養費）が掛かった際の自己負担額は、健康保険料を多く払っている人のほうが高く設定されています。理不尽に感じる人もいると思いますが、「収入の多い人は、なるべく自分で負担してください」という制度になっているのです。

もう一つ、健康保険のメリットとして「傷病手当金」という制度があります。これは病気などで会社を4日以上休んだ場合（そのまま退職した場合も含め）、最長1年6ヶ月の間、給与のおお

むね3分の2を受け取ることができます。しかし、これが支払った保険料に見合うリターンと言えるかは疑問です。

　まず、傷病手当金の支払いに充てられている保険料は、健康保険組合の予算の2%程度に過ぎません。それほど支給件数自体が少ないのです。特に役員の場合は、多少仕事を休んでも報酬を減額しませんので、傷病手当金の対象になるケースが少ないと考えられます。

　長期の治療が必要な場合は、傷病手当金をもらうために役員報酬をカットする場合もありますが、可能性が低いうえ、傷病手当金が支給される期間が限られていることも考えると、割に合いません。そのお金を民間の医療保険に充てたほうが有利です。

　高額医療費の自己負担が増えることも含めて総合的に判断すると、健康保険料については、多く支払うことによる経済的メリットはほとんどないと思います（支払った健康保険料の多くは、高齢者医療などに回されているので、社会貢献ということでは大きな意義があると思いますが）。

　次に、厚生年金についてですが、これは多く支払った分だけ、将来もらえる年金の額が増えますので、メリットがあるのは間違いありません。では、具体的に、どれくらい増えるのでしょうか。

　2021年の数字ですが、年金としてもらえる金額は、支払った厚生年金の報酬部分に対して1,000分の5.481となっています。ただ、現在は従前額保証（年金が減少しないようにする）という特例によって、1,000分の5.769で計算されています。

例えば、今年の役員報酬を100万円増やした場合、年金がどれだけ増えるかを計算してみましょう。100万円に上記の割合をかけると5,769円、毎年もらえる年金が増えることになります。100万円に対して支払う保険料は18.3％で18万3,000円です。

　18万3,000円の保険料を支払って、多くもらえるのは年間5,769円ですから、元を取るには183,000 ÷ 5,769 = 31.7年も掛かってしまいます。男性の場合、平均寿命は81歳なので、65歳からの受給では計16年間となり、半分しか受け取れないことになります。

　一般的に、年金は平均寿命まで生きれば元が取れると言われています。しかし、それは自己負担した保険料だけで計算した場合です。実際は、会社負担分を合わせると、その2倍の保険料を払っています。会社負担分も人件費の予算から出ているので、自分が負担しているのと変わりありません。

　さらに、年金を受け取る際には、それに所得税等も掛かります。年金が少なければ税額ゼロの場合もありますが、元社長の厚生年金の税額がゼロという可能性は低いでしょう。

　基礎年金を合わせた年金受給額が月額27.5万円以下で、他の収入がない場合の所得税と住民税の税率は15％ですので、15％は引かれると考えておかねばなりません（復興税は令和19年で終わるので、ここでは考慮していません）。

　つまり、支払った年金保険料の42.5％（自己負担額の85％）が将来の年金の手取り額ということになります。

　私たちが年金をもらう時代にはどうなっているでしょうか。これは現在の年齢によって異なります。

　平成29年までは、高齢者の増加に伴って年金保険料を増やすことで、年金給付水準を維持してきました。しかし、そのままでは年金財政が破綻してしまうので、平成29年からは年金保険料を実質的に固定化する代わりに、年金支給額を減らす仕組みになっています（賃金水準や物価が変われば、保険料は変動します）。

　今後の年金額の増減を示す数字に「所得代替率」というものがあります。これは男性の平均手取り収入に対する年金額の比率のことで、これが下がれば年金が減ったと考えます。

　例えば、賃金水準が2倍になって、年金受給額も2倍になったとします。しかし、物価も2倍になっていたら、年金が増えたと言えるでしょうか。実質的には変わりませんよね。このようなケースは、賃金水準と年金の比率が変わらないので、「所得代替率は変わらない」ということになります。

社会保険料のメリットとデメリット

	メリット	デメリット
健康保険を多く払う	・傷病手当金が増える	・保険料負担が大きい ・高額療養費の自己負担額が増える
厚生年金を多く払う	・年金受給額が増える ・遺族年金が増える ・障害年金が増える	・保険料負担が大きい ・65歳になっても年金を支給されない場合がある

令和元年時点での所得代替率は61.7％ですが、厚生労働省の試算「2019（令和元）年財政検証結果レポート」では、経済成長が良好であったとしても令和28年に51.9％まで減少する見込みです。また、経済成長が一定程度であったときは令和40年に44.5％まで減少し、経済成長が進まない場合は36％まで下がると試算されています。つまり、物価が変わらないとすれば現在より年金受給額が2～3割減少する見込みで、最悪4割程度減少するということになります（所得代替率が50％を下回る場合は、この仕組みが変更される可能性があります）。

　この試算はコロナ禍前の予想に基づいていますので、実際の数字はかなり厳しくなると言わざるをえません。

　本書では、比較的若い社長を想定し、年金をもらう頃には支給水準が現在の70％になっているという前提で計算しています。年金の手取額は現在水準でも支払った年金保険料の42.5％ですので、その70％だと支払額の約30％となります（42.5％×70％＝29.75％）。つまり、将来もらえる年金の予想額は、支払った年金保険料の30％として計算していることをご承知おきください。

　また、厚生年金は、65歳以上でも役員報酬などの収入があると、金額によって一部、または全部が支給停止になります。例えば、厚生年金を月額20万円支給される予定の人が、役員報酬を月額65万円もらっていると、厚生年金は19万円減額されて月額1万円しか支給されなくなります。

　実際、65歳になってすぐに会社を引退し、年金だけで生活する人は多くはありません。社長を続けたり、社長を退いても会長

として役員報酬をもらっているケースが大半です。生涯現役という方であれば、せっかく掛けた厚生年金をほとんどもらえずに終わることになりかねません。

　厚生年金には、万一、障害者になったときには、出る年金額が増えるというメリットもあります。また、遺族に対して年金の一部が支給される制度もあります。そうした恩恵がある一方で、社長の場合だと満額もらえない可能性もありますので、プラスマイナスはないと考えています。

　しかし、読者の皆さんの中には、すでに60歳代で年金を現在の水準でもらえる見込みの方もいるかと思います。

　逆に、生涯現役で厚生年金をもらわない予定の方や、将来の年金のことは考えず、今の手取りを少しでも増やしたいという方もいらっしゃるでしょう。

　そのような方のために、年金を現在水準の何パーセントもらえるかでパターン分けして、もっとも手取りの多くなる役員報酬の計算結果を巻末に紹介しています。ご自分の状況に合わせて参照してください。

（パターン１）年金支給水準が現在の70%　この章で解説
（パターン２）年金支給水準が現在の80%　214ページ
（パターン３）年金支給水準が現在の90%　218ページ
（パターン４）年金支給水準が現在と同じ　222ページ
（パターン５）年金の支給を考慮しない　226ページ

6 役員報酬の
簡単な決め方

😊「111万円というのは、どうやって計算したのですか？」

😎「簡単な方法があるのです。実は、一覧表を作ってあるので、これを見ました」（44〜51ページ参照）

😊「たしかにこれを見れば、すぐわかりますね。誰が作ったのですか？」

😎「私が作りました」

😊「すごいですね！　全部計算したのですか？」

😎「はい。パソコンを使って、1つ1つ税金や社会保険料を計算して作りました」

😊「会社の実質利益が760万〜930万円だと、役員報酬は年間たった75万円なのですね」

😎「そうなりますね。ただ、会社の業績を正確に予想するのは難しいので、実質利益が1,000万円以下の予想なら111万円、つまり月給9万2,500円にしておけばいいと思います」

😊「わかりました。ところで、実質利益が1,000万円を超えると、役員報酬がどんどん増えていっていますね」

😎「はい。役員報酬を111万円にしたままだと、税引前利益が848万円を超えてしまいます。目安として、税引前利益が848万円を超えると、法人税が高くなります」

😀「法人税が高くなったら、なぜ役員報酬を増やすのですか？」

😎「配当は法人税を払った残りですから、法人税が高くなると
　　配当の手取りが悪くなるのです」

😀「つまり、税引前利益が848万円を超えると、配当でもらう
　　より、役員報酬でもらったほうが得ということですね」

😎「そういうことです！　税引前利益が848万円を超えないよ
　　うに、役員報酬を増やしていきます」

😀「でも、実質利益が1,000万円のあたり（47ページ）、税引
　　前利益が848万円ちょうどになっていませんけど……」

😎「社会保険料が段階的に増えるので、少しずれてしまうので
　　すが、基本的な考え方はお話ししたとおりです」

😀「とにかく、実質利益の額を予想できるのであれば、この表
　　を見て、役員報酬の額を決めればいいのですね？」

😎「そういうことです。実際の役員報酬の月額は、この12分
　　の1ですから、気をつけてくださいね」

法人税　実効税率（東京23区以外）

会社の所得	税引前利益の目安	実効税率
400万円以下	419万円以下	21.37%
800万円以下	848万円以下	23.17%
800万円超	848万円超	33.58%

※東京23区は若干異なりますが、ほとんど同じです。
※所得5,000万円超の実効税率は33.76％となります。

社長の手取り合計 （将来年金を含む） が**最大となる金額表** （単位：万円）

会社の実質利益	役員報酬（年収）	社会保険料会社負担分	税引前利益	税引後利益（配当額）	将来年金を含む手取り合計
110	86	15	9	0	78
120	95	16	9	0	86
130	99	16	15	5	95
140	111	16	13	3	104
150	111	16	23	11	112
160	111	16	33	19	119
170	111	16	43	27	126
180	111	16	53	34	133
190	111	16	63	42	141
200	111	16	73	50	148
210	111	16	83	58	155
220	111	16	93	66	163
230	111	16	103	74	170
240	111	16	113	82	177
250	111	16	123	90	185
260	111	16	133	97	192
270	111	16	143	105	199
280	111	16	153	113	206
290	111	16	163	121	214
300	111	16	173	129	221
310	111	16	183	137	228
320	111	16	193	145	236
330	111	16	203	152	243
340	111	16	213	160	250
350	111	16	223	168	257

※税引後利益を内部留保せずに、すべて配当した場合の手取り額

会社の 実質利益	役員報酬 （年収）	社会保険料 会社負担分	税引前 利益	税引後利益 （配当額）	将来年金を 含む 手取り合計
360	111	16	233	176	265
370	111	16	243	184	272
380	111	16	253	192	279
390	251	37	102	73	287
400	251	37	112	81	295
410	251	37	122	89	302
420	251	37	132	97	309
430	251	37	142	105	317
440	251	37	152	113	324
450	275	41	134	99	331
460	275	41	144	106	339
470	275	41	154	114	346
480	275	41	164	122	353
490	275	41	174	130	361
500	275	41	184	138	368
510	275	41	194	146	375
520	275	41	204	154	382
530	275	41	214	162	390
540	275	41	224	169	397
550	275	41	234	177	404
560	275	41	244	185	412
570	275	41	254	193	419
580	275	41	264	201	426
590	275	41	274	209	434
600	275	41	284	217	441

社長の手取り合計（将来年金を含む）が最大となる金額表 （単位：万円）

会社の 実質利益	役員報酬 （年収）	社会保険料 会社負担分	税引前 利益	税引後利益 （配当額）	将来年金を 含む 手取り合計
610	275	41	294	224	448
620	275	41	304	232	455
630	251	37	342	262	462
640	251	37	352	270	469
650	251	37	362	278	475
660	251	37	372	286	482
670	111	16	543	418	489
680	111	16	553	425	496
690	111	16	563	433	503
700	111	16	573	441	510
710	111	16	583	448	517
720	99	16	605	466	523
730	99	16	615	473	530
740	87	15	638	491	536
750	87	15	648	499	543
760	75	14	671	516	549
770	75	14	681	524	556
780	75	14	691	531	562
790	75	14	701	539	568
800	75	14	711	547	575
810	75	14	721	554	581
820	75	14	731	562	587
830	75	14	741	570	594
840	75	14	751	577	600
850	75	14	761	585	606

※税引後利益を内部留保せずに、すべて配当した場合の手取り額

会社の実質利益	役員報酬（年収）	社会保険料会社負担分	税引前利益	税引後利益（配当額）	将来年金を含む手取り合計
860	75	14	771	593	613
870	75	14	781	600	619
880	75	14	791	608	625
890	75	14	801	616	632
900	75	14	811	624	638
910	75	14	821	631	644
920	75	14	831	639	651
930	75	14	841	647	657
940	87	15	838	644	663
950	87	15	848	652	670
960	99	16	845	650	676
970	111	16	843	648	682
980	111	16	853	655	688
990	111	16	863	662	693
1,000	111	16	873	669	699
1,010	347	52	611	470	705
1,020	347	52	621	478	711
1,030	347	52	631	486	718
1,040	347	52	641	493	724
1,050	347	52	651	501	731
1,060	347	52	661	509	737
1,070	347	52	671	516	743
1,080	347	52	681	524	750
1,090	347	52	691	532	756
1,100	347	52	701	539	762

社長の手取り合計 (将来年金を含む) が**最大となる金額表** (単位:万円)

会社の実質利益	役員報酬（年収）	社会保険料会社負担分	税引前利益	税引後利益（配当額）	将来年金を含む手取り合計
1,110	347	52	711	547	769
1,120	347	52	721	555	775
1,130	347	52	731	562	781
1,140	371	55	714	549	787
1,150	371	55	724	556	793
1,160	371	55	734	564	800
1,170	371	55	744	572	806
1,180	371	55	754	579	812
1,190	371	55	764	587	818
1,200	371	55	774	595	824
1,210	371	55	784	603	830
1,220	371	55	794	610	836
1,230	371	55	804	618	842
1,240	371	55	814	626	848
1,250	371	55	824	633	855
1,260	371	55	834	641	861
1,270	371	55	844	649	867
1,280	395	59	826	635	872
1,290	395	59	836	643	879
1,300	395	59	846	650	885
1,310	419	63	828	637	890
1,320	419	63	838	644	896
1,330	419	63	848	652	903
1,340	473	70	797	613	908
1,350	473	70	807	620	915

※税引後利益を内部留保せずに、すべて配当した場合の手取り額

会社の実質利益	役員報酬（年収）	社会保険料会社負担分	税引前利益	税引後利益（配当額）	将来年金を含む手取り合計
1,360	473	70	817	628	921
1,370	473	70	827	636	927
1,380	473	70	837	643	933
1,390	473	70	847	651	939
1,400	509	76	815	627	944
1,410	509	76	825	635	951
1,420	509	76	835	642	957
1,430	509	76	845	650	963
1,440	509	76	855	657	968
1,450	545	81	824	633	974
1,460	545	81	834	641	980
1,470	581	87	802	617	985
1,480	617	92	771	593	991
1,490	653	98	739	568	997
1,500	653	98	749	576	1,002
1,510	653	98	759	584	1,007
1,520	653	98	769	591	1,013
1,530	653	98	779	599	1,018
1,540	653	98	789	607	1,023
1,550	653	98	799	614	1,029
1,560	653	98	809	622	1,034
1,570	653	98	819	630	1,039
1,580	653	98	829	637	1,045
1,590	653	98	839	645	1,050
1,600	653	98	849	653	1,055

社長の手取り合計 (将来年金を含む) が**最大**となる金額表 (単位：万円)

会社の実質利益	役員報酬（年収）	社会保険料会社負担分	税引前利益	税引後利益（配当額）	将来年金を含む手取り合計
1,610	653	98	859	659	1,060
1,620	689	104	827	636	1,065
1,630	689	104	837	644	1,070
1,640	689	104	847	652	1,074
1,650	689	104	857	658	1,079
1,660	725	109	826	635	1,083
1,670	725	109	836	643	1,088
1,680	725	109	846	650	1,093
1,690	725	109	856	657	1,097
1,700	761	115	824	634	1,101
1,710	761	115	834	642	1,106
1,720	761	115	844	649	1,111
1,730	761	115	854	656	1,115
1,740	833	122	785	603	1,120
1,750	833	122	795	611	1,125
1,760	833	122	805	619	1,130
1,770	833	122	815	626	1,134
1,780	833	122	825	634	1,139
1,790	833	122	835	642	1,144
1,800	833	122	845	650	1,149
1,810	833	122	855	657	1,153
1,820	875	124	821	631	1,158
1,830	874	124	832	639	1,163
1,840	874	124	842	647	1,168
1,850	875	124	851	654	1,172

※税引後利益を内部留保せずに、すべて配当した場合の手取り額

会社の実質利益	役員報酬（年収）	社会保険料会社負担分	税引前利益	税引後利益（配当額）	将来年金を含む手取り合計
1,860	875	124	861	660	1,176
1,870	875	124	871	667	1,181
1,880	923	127	830	638	1,185
1,890	923	127	840	646	1,190
1,900	923	127	850	653	1,194
1,910	923	127	860	660	1,199
1,920	923	127	870	667	1,203
1,930	971	130	829	637	1,207
1,940	971	130	839	645	1,212
1,950	971	130	849	653	1,217
1,960	971	130	859	659	1,221
1,970	971	130	869	666	1,225
1,980	1,025	133	822	632	1,229
1,990	1,025	133	832	640	1,234
2,000	1,025	133	842	647	1,239
2,010	1,025	133	852	655	1,243
2,020	1,025	133	862	661	1,248
2,030	1,025	133	872	668	1,252
2,040	1,858	173	9	0	1,256
2,050	1,868	173	9	0	1,262
2,060	1,878	173	9	0	1,268
2,070	1,888	173	9	0	1,273
2,080	1,898	173	9	0	1,279
2,090	1,908	173	9	0	1,285
2,100	1,918	173	9	0	1,290

　会社の実質利益が1,000万円のときに、社長の役員報酬を年間111万円にしたほうがいいと言うと、「理屈は納得できても、社長としてそこまで安い給料で働くのには抵抗がある」という方もいらっしゃいます。もちろん、絶対に111万円にしなければならないわけではありません（これから住宅ローンを組む場合は、不利になる場合もあります）。

　もし、役員報酬を300万円とか500万円に設定した場合、手取り合計はどれくらい変わるでしょうか。それを示しているのが右のグラフです。このグラフでは、右に行くほど役員報酬の設定が高くなりますが、縦軸の手取りはどんどん減っていきます。
　形がギザギザになっているのは、社会保険料が段階的に増えるようになっているからです。例えば、役員報酬を48万4,999円から48万5,000円へ1円増やすだけで、社会保険料は月額9,000円も高くなります（25ページの表を参照）。そこで手取りが一気に減るので、グラフのような形になってしまうのです。

　さて、グラフを見てわかるように、社長の手取り合計が一番多くなるのは年収111万円ですが、120万円でも手取りはほとんど同じですので、キリのいい「月給10万円」でもいいでしょう。
　また、利益の予想が難しい場合、年収400万円くらいまではあまり変わりませんので、少し高めに設定してもいいと思います。

社長の「手取り合計」のグラフ（会社の実質利益 1,000 万円のとき）

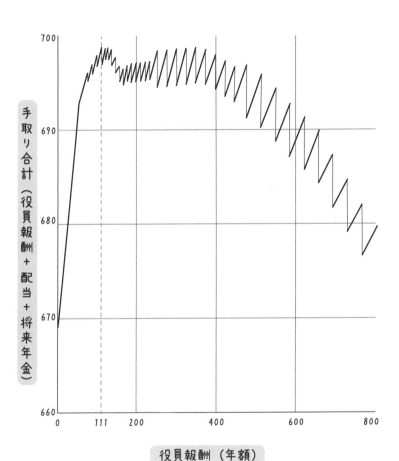

縦軸：手取り合計（役員報酬＋配当＋将来年金）

横軸：役員報酬（年額）

会社の実質利益が1,000万〜2,000万円の場合、理論上は、税引前利益が848万円になるように役員報酬を調整していくと、配当や将来の年金受給も含めた「手取り合計」が最も高くなります。

　例えば実質利益が1,500万円であれば、1,500万円−848万円＝652万円が社長の人件費です。社会保険料を含めて652万円となる役員報酬の金額は565万円です（社会保険料の会社負担分が87万円）。

　このように役員報酬を決めれば、手取り合計が最大となるはずです。

　しかし、49ページの表を見ると、数字が若干違いますね。これは、社会保険料が段階的に上がる影響で、手取りが最も高いときの税引前利益が848万円ちょうどにならないからです（他にも、所得税が段階的に上がる影響も若干ありますが、説明は割愛いたします）。

　例えば、実質利益1,500万円のときに最も手取りのいい役員報酬の金額は653万円となっていますが、これを12で割ると月額54万4,167円となります。社会保険料の計算は53万円で行ないますので、差額の1万4,167円に対する社会保険料を節減できることになります。こういった効果も含めて計算すると、単純に税引前利益を848万円にするより、さらに有利になるのです。実際に54万4,999円といったギリギリの金額を役員報酬にしている社長さんもおられますので、参考にしてください。

　さて、会話の中で、法人税の税率について説明していますが、実際の計算は大変複雑です。

「実効税率」とは、税引前利益の増加に対する法人税の割合のことで、例えば、実効税率が33.58％のときに利益が1万円増えると、法人税は3,358円高くなります。この税率を使って法人税の金額を概ね計算できますが、実際は「所得」という別の数字で法人税は計算するため、必ずしも一致しません。

　また、これとは別に「均等割（本書では7万円として計算）」という税金もありますので、これを足した金額を納税します。

　なお、「所得」は税引前利益より数パーセント小さい金額になる場合が多いのですが、詳しい計算方法については専門的になってしまうので、関心のある方は7章をご参照ください。ご自分の会社の所得を確認したい場合は、法人税申告書別表一の左上にある「所得金額又は欠損金額」の欄をご覧ください。

　実効税率による法人税の計算方法ですが、税引前利益が1,000万円だった場合、単純に1,000万円×33.58％となるのではなく、848万円を超えた金額、つまり152万円に対する税率が33.58％になります。848万円以下の利益に対しては税率は23.17％になりますし、419万円以下の利益に対しては21.37％となります。

　具体的には、

419万円×21.37％＋（848万円－419万円）×23.17％

＋（1,000万円－848万円）×33.58％＋7万円＝247万円

が概算の法人税額になります（7万円は均等割）。

7 実質利益が2,000万円を超える場合の役員報酬は？

😊「ところで、会社の実質利益が2,040万円から、配当がゼロになっていますけど、どうしてですか？」

🤓「役員報酬の手取りがよくなるからです。社会保険料には上限があるので、年収が1,626万円を超えた分については、社会保険料が掛からないのですよ」

😊「2,000万円もらっても、3,000万円もらっても、社会保険料は増えないのですか？」

🤓「はい。そして税金だけ比べたら配当のほうが高いですから、すべて役員報酬でもらうのがベストになってしまうのです」

😊「さっきまで、配当のほうが得だと言われていましたけど、まったく逆ですね」

🤓「そうですね。ただ、私は実質利益が2,000万円を超えるような会社でも、すべて役員報酬で払ってしまうのではなく、少なくとも税率の低い848万円までは会社の利益として残すように勧めています」

😊「なぜですか？　配当のほうが税金が高いのですよね？」

🤓「たしかにそうですけど、すぐに配当としてもらうのではなく、会社に内部留保するために利益を残すのです」

😊「内部留保ですか？」

「はい。内部留保を増やすことが、会社の事業規模を大きく
することにつながります」

「どうしてですか？」

「すぐに配当として出さないのであれば、内部留保したお金
を設備投資などに使うこともできます。あと、金融機関の
評価が高くなるので、融資を受けやすくなります」

「なるほど。内部留保は、後で配当をもらうためだけではな
いのですね」

「はい。単なる貯金ではないのです。先ほど、社長の役員報
酬を111万円にすると配当は669万円になるとお話しし
ましたけど、この一部を内部留保に回してもいいですよ」

「どういうことですか？」

「もし、配当が500万円でも生活に支障がないのであれば、
169万円を配当せずに内部留保にすれば、会社を少しずつ
大きくできますよね」

「たしかにそうですね」

「特に設備投資などの使い道がなくても、会社の通帳に貯金
しておくだけで金融機関の評価が上がります」

「だったら、そうしようかな」

「会社に貯金してあるのでしたら、好きなときに配当として
もらうこともできますので、自分の個人口座に貯金してい
るつもりで内部留保しておいてください」

「わかりました」

解説

「役員報酬（給料）が高い人は税率も高いので、収入を増やしても手取りが余り増えない」と思っている人が多いと思います。しかし、実際は逆で、「役員報酬が高い人は社会保険料が増えないので、収入を増やすと手取りが増えやすい」のです。

　役員報酬だけをもらっているという前提ですが、税金や社会保険料の負担率は年収660万〜762万円が1つのピークで、年収762万円を超えると厚生年金の負担が増えなくなるため、手取りがよくなります。1,626万円を超えると健康保険の負担も増えなくなります。

　たとえば年収が660万円の人と、2,000万円の人が、それぞれ年収を100万円増やしたとします。税金や社会保険料の負担率はどちらが高いと思われますか？

　計算すると、こうなります。

・年収　660万円→　760万円の「税・社保負担率」は46.143％
・年収2,000万円→2,100万円の「税・社保負担率」は43.693％

※「税・社保負担率」を、「人件費の増加に対する税金や社会保険料の割合」とした場合。

※社会保険料の段階的な増加や、税金の端数計算、将来の年金は考慮していません。

　このように、役員報酬は一定以上高くなると、税・社保負担率が下がるという現象が起きるのです。

　一方、配当に関しては、役員報酬などと合わせた個人所得が1,000万円を超えると、税率が高くなるというルールがあります。そのため、役員報酬が高い状況で配当をもらうと、税負担がかなり大きくなります。そのような兼ね合いから、実質利益が2,000万円を超える会社では、配当をもらうと不利になってしまいます。つまり、すべて役員報酬でもらったほうがいいことになります。

　しかし、私は会社を成長させていくという観点から、会社の利益のすべてを役員報酬で払うのではなく、ある程度の内部留保をお勧めしています。特に、所得800万円以下（目安の税引前利益848万円以下）の法人税は安いので、法人税を払っても内部留保を増やしたほうがいいと思います。

　最後に、この章の内容を簡単に要約すると、こうなります。

・実質利益が1,000万円以下の見込みの場合
　　→役員報酬を年間111万円（400万円以下）に設定する
・実質利益が1,000万円以上の見込みの場合
　　→役員報酬を、税引前利益が848万円になるように設定する

※いずれの場合も税引後利益は、社長の生活に必要な金額を配当として支払い、残りは内部留保する。

1章のポイント

・ほとんどの人は、税金より社会保険料の負担のほうが大きい

・法人税を払った残りの利益は、配当としてもらうことができる

・配当は役員報酬と比べ、税負担は若干大きくなるが、社会保険料の負担はゼロとなる

・本書では、社長の役員報酬をゼロと仮定したときの税引前利益を会社の「実質利益」と呼ぶ

・本書では、将来もらえる年金の予想額も加えた社長の手取りを「手取り合計」と呼ぶ

・実質利益が年間 1,000 万円の会社では、社長の役員報酬が年間 111 万円のときに、手取り合計が最も多くなる

・手取り合計が最も多くなる役員報酬の金額は、本書に掲載されている一覧表を参考にして決めることができる

・実質利益が 2,000 万円を超える会社でも、848 万円程度の税引前利益は出すようにして、内部留保したほうがよい

社長も従業員もみんな喜ぶ！

福利厚生費の
徹底活用法

A社長

税理士

1 「給与」ではなく「経費」で払え！

「先生、今日は配当以外の方法で、もっと節税になる方法を教えていただけますか？」（A社長）

「わかりました。まず前回の復習をしますね。会社が儲かっても、そのお金をそのまま社長が生活費として使うことはできません」（税理士）

「だから、役員報酬か配当をもらわないといけないんですよね？」

「そうです。役員報酬の場合は所得税・住民税・社会保険料が掛かり、配当の場合は所得税・住民税・法人税が掛かります」

「ある程度、税金が掛かるのは仕方ないですよね」

「ところが、税金や社会保険料をほとんど払わずに、社長や従業員さんの手取りを増やす方法があります」

「そんな方法があるのですか！」

「あります！　それが福利厚生費などの経費です！」

「福利厚生費ですか？　うちの決算書にも載っていた気がしますけど……」

「今でも、御社では茶菓子代などを福利厚生費にしていますが、実はいろいろなものが福利厚生費にできるのです」

「え、どんなのがあるのですか？」

「例えば『出張手当を出す』という方法があります。うちの顧問先企業の旅費規程は、こうなっています」

旅費規程	社長	役員	従業員
宿泊費（1泊当たり）	20,000円	16,000円	12,000円
出張手当（1日当たり）	5,000円	4,000円	3,000円

※出張手当は片道50km以上の場合に支給

「これがどうして節税になるのですか？」

「出張手当を見てみると、社長が出張すれば日帰りで5,000円、1泊2日なら1万円の出張手当が出ますね」

「日帰りでももらえるのですか？」

「規程がそうなっていれば、もらえます。しかも、その収入に対しては、税金も社会保険料も掛かりません。さらに、消費税相当額が会社に還付されます」

「すごいですね！　1万円もらっても、税金はゼロなのですか！　しかも消費税相当額が還付されるってどういうことですか？」

「仕組みが難しいので結論だけ言いますと、1万円の出張手当を払うと、会社に909円が還付されます。実際には、消費税を納税するときに差し引いて、909円分安くなるという形になります」

「そんな方法があるのだったら、今すぐに導入しましょう！」

解説

　この章では、会社から社長の生活費を出す際に、所得税等や社会保険料をほとんど払わなくていい方法をご紹介します。この方法は、社長だけではなく、すべての従業員にも節税効果がありますので、会社全体で大きなメリットが生まれます。なお、役員報酬と従業員給料を含めて「給料」という表現で説明いたします。

　まず、この章でご紹介する方法を一言で言うと、「給料ではなく経費で払う」ということになります。厳密に言うと給料も経費の一部なので、「給料以外の（福利厚生費などの）経費」が正しい言い方です。

　私たちが毎月負担している所得税等や社会保険料ですが、これは給料に対して掛かっています。逆に言うと、給料以外の名目で支払われた金額については原則掛からないということです。

　では、給料以外で、私たちの生活費の一部を会社に出してもらう方法には、どのようなものがあるでしょうか。

　最初にご紹介するのが「出張手当」です。これは「福利厚生費」という経費になります。出張手当は、仕事で遠方に行ったことへの慰労や、宿泊の際の夕食代やコインランドリー代などを補填する意味があります。

　出張手当や、後述する宿泊費を支給するには、あらかじめ旅費規程を作成しておく必要があります。本書で紹介している金額は、

経費で生活費を支払うイメージ

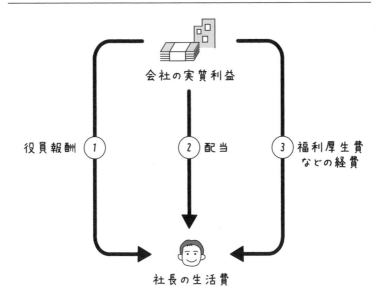

節税を目的としているため、平均より若干高めに設定しています。あまり手当の金額が高すぎると、税務署から経費として認めてもらえなくなる可能性があるため、気をつけてください。

　さて、会社から1万円をもらうとして、給料でもらうのと、出張手当でもらうのでは、どれくらい手取りが変わるでしょうか？

　所得税の税率は、その人の年収によって異なるため、実際のところは一人ひとり計算してみないとわかりません。参考に月給60万円（年収720万円）で、他の収入がないという前提で節税効果を計算してみます。

```
【会社の負担】

    給料の支払額              10,000 円

    会社負担の社会保険料      +1,541 円

    合計                      11,541 円

- - - - - - - - - - - - - - - - - - - - - - - - - - - - - - - - -

【本人の手取り】

    給料の受取額              10,000 円

    本人負担の社会保険料      -1,505 円

    所得税                    -1,530 円

    住民税                      -750 円

    手取り                     6,215 円

- - - - - - - - - - - - - - - - - - - - - - - - - - - - - - - - -

    将来もらえる年金の予想額    +549 円

    手取り合計                 6,764 円
```

※社会保険料の段階的増加や税金の端数計算は、本質から外れてしまうため
考慮していません。1円単位で計算しています。

　もし、1万円を給料で払った場合、会社の負担は1万1,541円ですが、私たちがもらえる手取りは6,215円です。将来もらえる年金の予想額を足しても6,764円にしかなりません。

　割合でいうと、手取りは6,215円÷11,541円＝53.85％です。

従業員の場合は、労働保険料も支払わなければなりませんので、さらに手取りが少なくなります。労働保険料の率は業種によって異なりますが、おおむね 2％程度ですので、手取りの割合は 52％程度になります。

　もし、給料で手取り 1 万円を支給しようと思ったら、会社の負担はいくらになるでしょうか？

　答えは下記の計算で、1 万 8,570 円となります。

18,570 円（会社負担）× 53.85％＝ 10,000 円（手取り）

　一方で、出張手当として支払った場合は、1 万円の支払いに対して 909 円分の消費税が還付されますので、会社の負担は 9,091 円です。手取りは同じ 1 万円ですね。

　手取りは同じでも、会社の負担が 1 万 8,570 円と 9,091 円では 2 倍以上違います。給料で手取り 1 万円渡すより、出張手当として 2 万円渡すほうが、会社の負担は少ないのです。

　定期的に出張があるという前提ですが、従業員の給料の手取りを 1 万円増やすより、旅費規程を作って出張手当を月 2 万円出せるようにしたらいかがでしょうか？

　会社の負担は少なくなるのに、従業員の手取りは 2 倍になるので喜ばれます。もちろん、将来もらえる年金が若干減るという面もあるのですが、私の経験上、従業員の方は今の手取り額を重視する人が多いので、そこまで計算しなくてもいいのではないかと思います。

2 社宅は大幅な節税になる

😊「あと、もう一つの宿泊費というのは、私だったら2万円の
　　ホテルに泊まっていい、ということですか？」

😎「いえ、どんなホテルに泊まっても、それに対して2万円を
　　支給するということです」

😊「それがなぜ節税になるのですか？」

😎「例えば、実際には1万円のホテルに泊まったとしますよね。
　　差額の1万円はどうしますか？」

😊「やっぱり、会社に返金しないといけないのではないです
　　か？」

😎「そう思いますよね。でも、その1万円は返さずにポケット
　　に入れていいのです。しかもその1万円には税金や社会保
　　険料は掛かりません」

😊「え、そのままもらっちゃっていいんですか？」

😎「はい。そしてこれも出張手当と同じように、消費税相当額
　　が還付されますよ」

😊「すごいですね！　出張手当と合わせて2万円分ですか！」

😎「はい。経理上、宿泊費は『旅費交通費』という別の科目に
　　なりますけど、給料以外の経費なので『福利厚生費』と節
　　税効果は同じです」

「なるほど！　他にもそういう方法はありますか？」

「会社で社宅を借りて、社長や従業員の方が住むという方法もあります」

「社宅を借りることが、どうして節税になるのですか？」

「例えば、社長が家賃10万円の賃貸マンションに住んでいるとしますね。それを会社名義で借りるようにして、社長が会社に社宅家賃として3万円払って住むことにします」

「差額の7万円は会社が出すということですか？」

「はい。この7万円は福利厚生費になります。社長は今まで10万円払っていた家賃が3万円になるので、手取りが7万円増えたのと同じですよね！」

「そうなりますね」

「この7万円は、実質的には会社からの給料なのに、税金も社会保険料も掛かりません」

「えー！　すごいですね！　だったら、社宅の家賃を1,000円にしたら、もっと節税になりますね！」

「実は、社宅家賃の最低ラインの金額が決まっていて、安すぎると税金や社会保険料が掛かってしまいます」

「じゃあ、どれくらいが最低金額なのですか？」

「家賃10万円のマンションだったら、2万～3万円くらいが多いですけど、戸建てだともっと高くなります。この計算は少し複雑なので、物件が決まったら私が計算しますね」

「ありがとうございます！　そのときは計算をお願いします！」

解説

　出張手当や宿泊費による節税は、出張が少ない会社では効果が
あまりありません。しかし、社宅を使う方法は、どの会社でも使
うことができる上、毎月コンスタントに何万円という大幅な節税
をすることができます。

　出張手当などと異なるところは、住宅には消費税が掛かってい
ないため、消費税の還付がないということです。

　会社に払う社宅の家賃には最低ラインがありますが、その金額
は所得税等と社会保険料で異なります（72 ～ 75 ページ参照）。
税金については、従業員の最低ラインは役員の半分となっていま
すので、節税効果はより大きくなります。

　ただ、従業員に今までと同じ給料を支払いながら、さらに社宅
も用意してあげるとなると、会社の出費が増えてしまうので大変
だと思います。小さい会社であれば、本人の合意の上で給料を少
し下げさせてもらい、その分を社宅の家賃として払ってあげると
いう方法も可能かもしれません（賃金規程との兼ね合いもあるの
で、社会保険労務士にご相談ください）。

　大きい会社であれば、すでに社宅制度があるでしょうから、社
宅が安いというメリットも加味した給料を設定していると思いま
す。誰でも知っているような大企業に勤めている知人の給料を聞
くと、特に若い人の場合、そんなに高給ではありません。しかし、

社宅が都心にあり、相場の何分の1という家賃で入居できるので、手取りが少ないとは感じないと言います。結局、使えるお金がいくら残るかが重要なのです。

元々の月給を60万円として、1万円給料が増えるのと、社宅として家賃を1万円分出してもらうのと、どれくらい手取りが変わるでしょうか？

給料が1万円増えたとき、会社の負担は1万1,541円増えますが、手取りは6,215円しか増えません（計算は66ページ参照）。

一方、社宅を借りて会社が家賃を1万円分負担する場合は、会社の負担も、本人の手取りの増加も1万円です。

つまり、社宅だと給料に比べて本人は3,785円分手取りが多くなり、会社は1,541円分負担が減ります。これが5万円なら効果も5倍です。まさにWin-Winの関係になるのです。

社宅というと、お金に余裕のある大企業しか使えないというイメージの方もいらっしゃるかもしれませんが、逆なのです。お金に余裕がないからこそ、このような方法で節税し、お金を作っていく必要があるのです。

なお、賃貸物件を社宅にするという前提で説明してきましたが、マンションや戸建てを会社で購入して社宅にしても、同様の節税効果があります。社長の場合、会社で住宅を購入し、在職中は社宅として住み、退職時にその住宅を退職金で買い取るという方法もありますので、これから住宅を購入される予定であれば検討してみてください。

▶社宅家賃の最低ラインの金額の計算方法（所得税・住民税）

従業員の場合

　従業員の場合、次の方法で算定する「賃貸料相当額」の半分が、本人負担の最低ラインの金額となります。賃貸物件の課税標準額については家主に教えてもらうか、市役所等に問い合わせてください。

　なお、社宅家賃がその最低ラインに満たない場合は、賃貸料相当額との差額が課税対象となります。

　次の(1)〜(3)の合計額が賃貸料相当額となります。

(1)　その年度の建物の固定資産税の課税標準額× 0.2%

(2)　12円×その建物の総床面積 (㎡) ÷ 3.3㎡

(3)　その年度の敷地の固定資産税の課税標準額× 0.22%

　例えば、賃貸料相当額が2万円のとき、社宅家賃として1万円以上を会社に払っていれば問題ありません（給料からの天引きでもOKです）。5,000円しか払っていないと、20,000円 − 5,000円 = 15,000円を給料としてもらっていると見なされて課税されます。

役員の場合

　役員の場合、次の方法で算定する「賃貸料相当額」が最低ラインの金額となります。（※1）

①小規模な住宅の場合（※2）

　次の(1)〜(3)の合計額が賃貸料相当額となります。

(1)　その年度の建物の固定資産税の課税標準額× 0.2%

(2)　12円×その建物の総床面積（㎡）÷ 3.3㎡

(3)　その年度の敷地の固定資産税の課税標準額× 0.22%

②小規模な住宅でない場合

　ａ．自社所有の社宅の場合

　次の (1) と (2) の合計額の 12 分の 1 が賃貸料相当額となります。

(1)　その年度の建物の固定資産税の課税標準額× 12%（※３）

(2)　その年度の敷地の固定資産税の課税標準額× 6%

　ｂ．賃貸物件を社宅にする場合

　会社が家主に支払う家賃の 50%の金額と、上記ａで算出した賃貸料相当額の、いずれか多いほうの金額が賃貸料相当額となります。

※１ 床面積が 240㎡を超えるもので、家賃などを総合勘案して、一般の社宅と認められないものについては、一般相場が賃貸料相当額となる。

※２ 小規模な住宅とは、法定耐用年数が 30 年以下の建物の場合には床面積が 132㎡以下、30 年超の建物の場合には床面積が 99㎡以下である住宅を言う（区分所有の建物は共用部分の床面積を按分し、専用部分の床面積に加える）。

※３ 法定耐用年数が 30 年超の場合には 12%ではなく 10%となる。

▶社宅家賃の最低ラインの金額の計算方法（社会保険料）

　社会保険料の計算では、まず「現物給与の価額」を計算します。会社に支払っている社宅家賃が現物給与の価額を下回っている場合は、その差額について社会保険料が掛かります。

　ですので、社会保険料を払わずに済む最低ラインの金額は、この「現物給与の価額」ということになります。

　現物給与の価額は、居住している都道府県と、その住宅の居住用部分の面積で決まります。居住用部分には、台所やトイレ、浴室、廊下、玄関などは含まれません。

　例えば、2LDK のマンションで、部屋はそれぞれ 4.5 畳、6 畳、12 畳だとします。LDK のうち 3 畳が台所だとすれば、この住宅の居住用部分は、4.5 畳＋ 6 畳＋ 12 畳－ 3 畳＝ 19.5 畳となります。洋間の場合は、面積を 1.65㎡で割って、単位を畳に変換します。

　1 畳当たりの金額は、右の一覧表を使って確認します。例えば愛知県でしたら 1,560 円ですので、1,560 円× 19.5 畳＝ 30,420 円が現物給与の価額となります。

　もし、社宅家賃として会社に 3 万円払っているとしたら、差額の 30,420 円－ 30,000 円＝ 420 円が社会保険料の対象となります。

社会保険料の現物給与の価額（住宅）

令和3年4月〜　　　　　　　　　　　　　　　　　（単位：円／1畳当たり）

都道府県	月額	都道府県	月額	都道府県	月額
北海道	1,110	石川県	1,340	岡山県	1,360
青森県	1,040	福井県	1,220	広島県	1,410
岩手県	1,110	山梨県	1,260	山口県	1,140
宮城県	1,520	長野県	1,250	徳島県	1,160
秋田県	1,110	岐阜県	1,230	香川県	1,210
山形県	1,250	静岡県	1,460	愛媛県	1,130
福島県	1,200	愛知県	1,560	高知県	1,130
茨城県	1,340	三重県	1,260	福岡県	1,430
栃木県	1,320	滋賀県	1,410	佐賀県	1,170
群馬県	1,280	京都府	1,810	長崎県	1,150
埼玉県	1,810	大阪府	1,780	熊本県	1,150
千葉県	1,760	兵庫県	1,580	大分県	1,170
東京都	2,830	奈良県	1,310	宮崎県	1,080
神奈川県	2,150	和歌山県	1,170	鹿児島県	1,110
新潟県	1,360	鳥取県	1,190	沖縄県	1,290
富山県	1,290	島根県	1,150		

「次は、食事代を経費にする方法です」

「食事代も経費にできるのですか?」

「基本的には食事代は経費になりませんが、条件を満たしていれば経費にできます」

「どういう条件ですか?」

「まず、普段の昼食については、社員食堂を設置したり、会社で仕出し弁当などを購入したり、外食の補助をする制度を作ったりすることで、福利厚生費の経費にすることができます。全額出してあげるのではなく、一定額以上を本人が負担することが条件です」

「うちでは社員食堂は無理ですね。実は、仕出し弁当を頼むという話が出ているのですけど、本人にはいくら出してもらえばいいのですか?」

「まず、本人が食事代の半分以上を負担しなければなりません。また、会社の負担分は1人当たり、月に税抜き3,500円以下にする必要があります」

「税抜き3,500円ということは、税込みだと3,780円ということですね。もしそれを超えたらどうなるのですか?」

「会社の負担分が3,780円を超えたら、1円も福利厚生費に

ならなくなってしまいます」

「では、会社が負担した食事代はどうなるのですか？」

「全部、給料として払ったと見なされて、税金が掛かります」

「それだと意味がないですね。じゃあ、例えば 400 円の弁当
　だったら、本人はいくら払えばよいのですか？」

「400 円の弁当を月に 20 回食べると、400 円 × 20 ＝ 8,000
　円の食事代が掛かります。そのうち 3,780 円まで福利厚生
　費にできますので、残りの 4,220 円以上を本人に出しても
　らいます」

「1 食当たりだと……4,220 円 ÷ 20 ＝ 211 円ですか？」

「はい。そうなります。あと、社会保険料は別の基準があっ
　て、東京であれば 167 円以上を本人が負担しないと社会保
　険料の対象になってしまいます」

「でも、本人の負担が 211 円以上であれば、両方とも大丈夫
　ですよね？」

「はい。大丈夫です。月に 3,780 円ですので、年間だと 4 万
　5,360 円まで非課税で食事代を出せることになります」

「それほど大きな金額ではないですね」

「手取り 4 万 5,360 円を給料で払おうとすると、会社の負担
　は少なくとも 8 万円以上になります。人数が多ければ、そ
　れなりに節税になると思いますけどね」

「たしかに。仕出し弁当を頼むことで従業員が喜んでくれる
　なら、やったほうがいいですね」

解説

　会社で昼食を用意する場合、仕出し弁当を取るのであれば弁当代、社員食堂なら材料費等、外食であればその飲食代のうち、月に税抜 3,500 円までを福利厚生費にすることができます。弁当代や社員食堂の材料は消費税 8％込みで月 3,780 円ですが、外食の場合は消費税が 10％ですので、月 3,850 円が上限となります。

　他にも注意点があります。支払い方法については、必ず会社が全額を支払って、本人の負担分を徴収します（給料からの天引きでもかまいません）。会社負担分を本人に渡すという方法だと、給料を払ったと見なされて課税されてしまいます。

　飲食店を利用した従業員の昼食代を補助する場合に、従業員が食事代を立て替えて支払ったときには、すぐに全額を精算してください（会社が全額支払ったことになります）。その上で、本人の負担分を徴収すれば、福利厚生費として認められます。

　また、当然のことですが、一部の人だけでなく、全社員が平等に使える制度を作らなくてはいけません。

　社会保険料については都道府県によって価額が決まっており、その 3 分の 2 以上の金額を本人が出せば、社会保険料が掛かることはありません。

　本人の負担額が 3 分の 2 に満たない場合は、本人の負担額と所定の価額との差額に対して、社会保険料が掛かります。

社会保険料の現物給与の価額（昼食）

令和3年4月～　　　　　　　　　　　　（単位：円／1食当たり）

都道府県	金額	都道府県	金額	都道府県	金額
北海道	250	石川県	250	岡山県	240
青森県	240	福井県	260	広島県	250
岩手県	240	山梨県	250	山口県	250
宮城県	240	長野県	230	徳島県	250
秋田県	240	岐阜県	240	香川県	250
山形県	250	静岡県	240	愛媛県	250
福島県	250	愛知県	240	高知県	250
茨城県	240	三重県	250	福岡県	230
栃木県	240	滋賀県	250	佐賀県	240
群馬県	240	京都府	250	長崎県	240
埼玉県	250	大阪府	250	熊本県	250
千葉県	250	兵庫県	250	大分県	240
東京都	250	奈良県	240	宮崎県	230
神奈川県	250	和歌山県	250	鹿児島県	240
新潟県	250	鳥取県	250	沖縄県	250
富山県	250	島根県	250		

※東京都であれば、250円×2/3＝166.7円以上を
本人が負担すれば、社会保険料は掛からない。

79

4 夕食は経費でもっと豪華に！

😎「昼食の場合、福利厚生費になるのは税抜き 3,500 円までとお話ししましたけど、夕食ならもっと節税できますよ」

😊「だったら、夕食は豪華にしたいですね！」

😎「まず、普段から使えるのは、残業時間中の食事代を会社で出すという方法です」

😊「いくらくらい出せるのですか？」

😎「目安としては 1,500 円くらいまでです。弁当を買ってきても、外食してもかまいません」

😊「けっこう出せますね。食事代は後で給料と一緒に振り込んでもいいですか？」

😎「その方法ではダメです。会社が弁当屋さんや飲食店に直接支払うか、本人が立て替えて支払う場合は、すぐに精算してください」

😊「わかりました」

😎「あと、これは本人が食事代の一部を出さなくても税金は掛かりませんけど、社会保険料は別です。東京の場合だと、本人が 194 円以上負担しないと社会保険料の対象になります」

😊「ちょっと面倒ですね」

😎「ルールなので、仕方ないですね」

😎「次に、忘年会や新年会、歓送迎会といった会社全体の行事
　であれば、飲食代が福利厚生費となります」

😊「全体じゃないとダメですか？」

😎「人数の多い会社であれば、部署ごとにやってもいいですけ
　ど、全員に参加できる権利がなければいけません」

😊「なるほど。どうせ忘年会をやるなら、会社全体でやったほ
　うが節税になるということですね」

😎「そういうことです」

😊「普段、数人で食べに行くのは経費になりませんか？」

😎「社内の打ち合わせが目的であれば、福利厚生費ではありま
　せんけど、『会議費』という経費になりますよ」

😊「2、3人の打ち合わせでもいいのですか？」

😎「いいですけど、打ち合わせというからには、ある程度の会
　議録は取ったほうがいいですね。そうしないと税務署に認
　められなくなる可能性があります」

😊「わかりました。それから、取引先の接待はOKですよね？」

😎「もちろんOKです。今、取引のない相手でも、今後の取引
　につなげるための接待や打ち合わせ、情報交換などの目的
　で飲食するのであれば、『接待交際費』という経費になって、
　税金や社会保険料は掛かりません」

😊「では、営業活動をがんばることにしますね！」

😎「飲みすぎには気をつけてくださいよ」

解説

　業績が下がっている会社の社長で「業績が悪いから、接待交際費は自腹を切っています」と言われる方がいます。しかし、社長のポケットマネーは元々役員報酬ですから、1万円のポケットマネーを作るために、会社は大抵2万円以上支払っています。本当に必要な接待であれば、その1万円は経費にして、代わりに役員報酬を1万円下げたほうがいいですね（実際には、決算をまたがないと下げられませんが）。

　逆に、食事代を経費にしているということは、自腹に比べると半額で食べているようなものです。夕食は金額も大きいですし、可能な限り経費にしていくと、節税効果はかなり大きいと思います。

　会議費や接待交際費で飲食するときに大切なことは、誰と飲食したかを必ず記録することです。飲食店の領収証にメモするという形でもかまいません。会議費の場合は会議録をつけるのが望ましいでしょう。税務調査でよくチェックされますので、気をつけてください。

　残業時間中に夕食を福利厚生費で出す場合、右ページの表の価額の3分の2以上を自己負担すれば、社会保険料は掛かりません。昼食と同じように、本人の負担額が3分の2に満たない場合は、本人の負担額と所定の価額との差額に対して、社会保険料が掛かります。

社会保険料の現物給与の価額（夕食）

令和3年4月〜 (単位：円／1食当たり)

都道府県	金額	都道府県	金額	都道府県	金額
北海道	270	石川県	290	岡山県	280
青森県	270	福井県	290	広島県	270
岩手県	270	山梨県	270	山口県	270
宮城県	270	長野県	270	徳島県	280
秋田県	270	岐阜県	280	香川県	270
山形県	280	静岡県	280	愛媛県	270
福島県	270	愛知県	270	髙知県	290
茨城県	280	三重県	270	福岡県	270
栃木県	280	滋賀県	270	佐賀県	280
群馬県	280	京都府	270	長崎県	280
埼玉県	270	大阪府	270	熊本県	270
千葉県	280	兵庫県	270	大分県	280
東京都	290	奈良県	270	宮崎県	270
神奈川県	280	和歌山県	270	鹿児島県	280
新潟県	270	鳥取県	280	沖縄県	290
富山県	280	島根県	280		

※東京都であれば290円×2/3＝193.3円以上を
本人が負担すれば、社会保険料は掛からない。

5 旅行やレジャーも経費で行こう！

👓「次に旅行とかのレジャーですが、これも福利厚生費で行けます」

🙂「社員旅行とかですか？」

👓「そうです。従業員の50％以上が参加していて、4泊5日以下であれば大丈夫です。あまり高額だと認められないので、1人10万円くらいまでが目安ですね」

🙂「10万円だと、けっこう豪華ですね！　海外でもいいのですか？」

👓「海外だと、飛行機泊を含めないで4泊5日以下が条件になります。1人10万円を超えるのであれば、超えた分については自己負担してもらうのが無難ですね」

🙂「でも、50％以上参加となると、なかなか海外は難しいですかね。参加したがらない人も増えていますし」

👓「個人的な旅行でも、規程さえ作れば、補助を出すことはできますよ」

🙂「本当ですか！」

👓「例えば『年間10回を上限に、旅行1回につき5,000円の補助を出す』という規程を作れば、その範囲では福利厚生費にできます」

「ぜひ、それもやってみたいです！」

「あと、研修や視察目的の旅行であれば、一部の人だけで行っても大丈夫です」

「そんな方法もあるんですね。視察というのは、取引先の工場見学とかでもいいのですか？」

「いいですよ。業務に関連する視察であれば、取引先にこだわる必要はありません。ただし、視察レポートのような書類は必ず作ってください」

「レポートですか？」

「なるべく写真を撮るなどして、業務で行ったという証拠を残します。何もないと、税務署から遊びに行ったのかと言われかねません」

「わかりました。行くときはしっかり写真を撮ってきます」

「あと、スポーツ観戦とかコンサート鑑賞といった他のレジャーも考え方は同じです」

「みんなで行ってもいいし、補助を出してもいいということですね」

「そうです。補助を出す場合は回数などの条件をつけて、平等に利用できる制度を作っておけば、福利厚生費にできます」

「運用が大変そうですね」

「まあ、若干面倒ですね。そういう手間を省くために、福利厚生を外注できるサービスもあります」

「そんなサービスがあるのでしたら、ちょっと検討してみますね」

解説

　旅行の費用についても、ポケットマネーで行くより経費で行ったほうが節税になる分、豪華な旅行にすることができます。

　ただ、近年は職場の人と旅行に行きたくないという人も多くなっていますので、個人的な旅行に補助を出す制度を作ったほうが喜ばれるかもしれません。また、スポーツ観戦やコンサート鑑賞といった他のレジャーも同様で、会社全体で行くのではなく、行先や時期を選べるようにしたほうがいいと思われます。

　その場合の注意事項が2つあります。1つは、全員が平等に利用できる制度を作ること。もう1つは、会社が全額を支払い、その上で本人負担分を徴収することです。会社負担分を本人に渡すという方法では福利厚生費として認められないので、注意してください（外食を福利厚生費にするケースと同じです）。

　このような精算の手間を省くために、従業員に対する福利厚生を外注できるサービスがあります。インターネットで検索していただければ、そのような業者がたくさん見つかると思います。

　簡単に仕組みを説明すると、福利厚生サービスの会員企業になると、従業員が指定された旅館やレジャー施設などを割引で利用できるようになります。会費は全額、福利厚生費として認められますので、個別に精算する必要がありません。

　ただし、利用されなければムダ金になってしまいますので、従業員のニーズを確認してから契約したほうがいいでしょう。

　会話の中には出てきませんでしたが、フィットネスクラブの法人会員となって、従業員が自由に使えるようにしている会社もあります。健康増進は業務にもプラスになるので、よい取り組みだと思いますが、社長や役員ばかりが使っているという状況にならないように気をつけてください。

　福利厚生は、あくまで従業員がメインです。実態として、社長や役員ばかりが利用していると、福利厚生費として認められず、高額の税金を課せられることもあります。

　最後に、研修や視察で旅行に行くのであれば、「研修費」あるいは「旅費交通費」の経費となります。このような経費で旅行に行くときは、同業者団体や旅行会社の主催する団体旅行（いわゆるパック旅行）は使用しないでください。団体旅行を使用すると観光目的と見なされるため、社員旅行の条件を満たさなければならなくなります。

　また、研修旅行であれば研修に用いた資料など、視察であれば視察をした記録をしっかり取っておく必要があります。

　もし、研修旅行や視察の途中に観光もするのであれば、観光に当たる時間の旅費は自己負担となります。例えば10万円の旅費が掛かり、日程の3割が観光であれば、3万円が自己負担となります。自己負担しない場合は、3万円分の給料を支払ったと見なされて税金や社会保険料が掛かります。

6 「退職金」は究極の節税方法

😎「今までの話と方向は違いますが、福利厚生費で『中退共』や『特退共』といった制度を利用する方法もあります」

🙂「何ですか？　聞いたことはある気がしますけど」

😎「正式名称は、『中小企業退職金共済』『特定退職金共済』といって、従業員の退職金を積み立てておく制度です」

🙂「退職金ですか。なかなか出す余裕がないですよね」

😎「でも、すごく節税効果があるのですよ」

🙂「そんなに節税になるのですか？」

😎「はい。まず、退職金は40万円×勤続年数までは所得税・住民税が非課税になります。勤続年数が20年を超えた部分については70万円×勤続年数が非課税となります」

🙂「え？　もし勤続30年だと、いくらまで非課税ですか？」

😎「勤続30年だと、40万円×20年＋70万円×10年＝1,500万円まで非課税です。社会保険料も掛かりません」

🙂「すごい！　手取りで1,500万円ももらえるのですか！」

😎「はい。普通に給料をもらうよりかなり得です。私が従業員だったら、ボーナスの一部をカットしてもいいので、その分を退職金に回してほしいと言いますね」

🙂「だったら、今の話をうちの従業員にも説明して、退職金の

制度を作りましょうか？」

「ただ、問題点が２つあります。１つ目は、退職者が出たときだけ会社の経費が増えるので、利益予想が立てにくくなってしまうこと。税金対策も資金繰り対策もやりにくくなります」

「たしかにそうですね」

「もう１つ。従業員の立場で考えると、本当に退職金を出してもらえる保証がないこと」

「約束は守りますよ！」

「でも、会社が潰れてしまったら出ないかもしれませんよね。社長と喧嘩して辞めたら、出してもらえないのではないかという心配もあるでしょう」

「そこは信用してもらうしか……」

「それを解決するのが、中退共や特退共の制度なのです。これらの制度は退職金を会社の外部に月々積み立てる制度なので、会社が倒産しても必ず本人に退職金が支払われます。しかも、結構いい利回りもついてきます」

「それなら安心してもらえますね」

「会社側は支払った掛金を福利厚生費の経費にできます。本人が退職する前から経費にできるので、納税の資金繰りという意味でも、非常にメリットがありますよ」

「なるほど！　掛金の額に制限はあるのですか？」

「最高で月３万円です。従業員によって違う金額でも大丈夫です」

「わかりました。ぜひ導入したいですね」

解説

　本書では、会社から生活費をもらうのに、いかに税金や社会保険料を減らして手取りを多くするかを説明してきました。その中で、最も効果が大きいのが退職金を出すという方法です。

　しかし、中小企業では退職金の制度がなかったり、あったとしても少額しか出せない会社が多く、十分に活用されていません。おそらく、退職金に使う資金を会社で管理・運用するのが難しいというのが大きな要因ではないかと思います。

　その問題点を解決し、従業員に安心して退職金のメリットを享受してもらうための制度が「中退共」や「特退共」です。これは従業員のみの制度ですので、社長や役員（従業員兼務役員は除く）は利用することができません。また、実質的に給料の一部ですので、減額には本人の同意が必要になります。最初の金額の設定は十分に検討してください。

　社長や役員が貯金以外で退職金を積み立てるには、生命保険を活用する方法があります。これは4章で解説していますので、ここでの解説は省かせていただきます。それとは別に、社長や役員の老後資金の積み立てのために「小規模企業共済」という制度があります。小規模企業共済は、毎月7万円まで積み立てることができ、その全額が所得控除の対象となります。つまり、7万円分に対する所得税・住民税が安くなります。

　積み立てたお金を受け取るときは退職金扱いになるため、ほと

んど税金が掛かりません。かなりの節税になるため、多くの社長が加入しています。

　中退共などとの違いは、もらった給料の中から支払いますので、社会保険料の節減にはなりません。また、従業員が5人または20人以下（業種により人数が異なる）の小さい会社しか新規加入できないため、ある程度会社が大きくなってしまうと新規加入できなくなります。

　さて、従業員の老後資金を出してあげるのであれば、中退共や特退共に掛けるのと、その分、毎年の賞与（給料）を増やすのとでは、どれくらい手取りが変わるでしょうか？

　従業員が30年間在籍すると仮定して試算したのが92〜93ページです。従業員の元々の収入によって税金の額が変わってしまうので、月給30万円と月給60万円の2パターンで試算しています。従業員の場合は労働保険料も必ず掛かるので、小売店や飲食店に適用される料率で計算しています。

　中退共や特退共から出る退職金はそれぞれのホームページ等で試算ができますが、参考に中退共の数字を載せました。

　比べてみるとわかるとおり、会社の負担額はまったく変わりませんが、手元に残る金額は500万〜600万円も違います。

　ただ、従業員にメリットをわかってもらうのは、なかなか大変です。どうしても、目先の賞与をもらったほうが得だと思われてしまいます。本書の試算を見せるなどして、中退共や特退共に入ったほうが得だと理解してもらうことが、導入する上でも大切だと思います。

●年間36万円を中退共に支払った場合

　　30年後に受け取れる退職金　**12,639,300円**

●年間36万円（社保会社負担を含む）を賞与（給与）で支払った場合

<table>
<tr><td colspan="2" align="center">月給30万円の従業員</td></tr>
<tr><td colspan="2">【会社の負担】</td></tr>
<tr><td>賞与の支払額</td><td>308,721円</td></tr>
<tr><td>会社負担の社会保険料</td><td>+47,574円</td></tr>
<tr><td>会社負担の労働保険料</td><td>+3,705円</td></tr>
<tr><td>合計</td><td>360,000円</td></tr>
<tr><td colspan="2">【本人の手取り】</td></tr>
<tr><td>賞与の受取額</td><td>308,721円</td></tr>
<tr><td>本人負担の社会保険料</td><td>−46,463円</td></tr>
<tr><td>本人負担の労働保険料</td><td>−926円</td></tr>
<tr><td>所得税</td><td>−10,189円</td></tr>
<tr><td>住民税</td><td>−19,959円</td></tr>
<tr><td>手取り</td><td>231,184円</td></tr>
<tr><td>将来もらえる年金の予想額</td><td>+16,949円</td></tr>
<tr><td>手取り合計</td><td>248,133円</td></tr>
<tr><td>上記の30年分</td><td>7,443,990円</td></tr>
<tr><td colspan="2" align="right">（+預金利息）</td></tr>
</table>

月給 60 万円の従業員

【会社の負担】

賞与の支払額	308,721 円
会社負担の社会保険料	+47,574 円
会社負担の労働保険料	+3,705 円
合計	360,000 円

【本人の手取り】

賞与の受取額	308,721 円
本人負担の社会保険料	−46,463 円
本人負担の労働保険料	−926 円
所得税	−47,060 円
住民税	−23,046 円
手取り	191,226 円

将来もらえる年金の予想額	+16,949 円
手取り合計	208,175 円
上記の 30 年分	6,245,250 円
	（+預金利息）

※社会保険料の段階的増加や税金の端数計算は、本質から外れてしまうため考慮していません。1 円単位で計算しています。

※賞与で計算していますが、給料を年間 36 万円上乗せする場合でも同じです。

▶確定拠出年金（DC）の活用

中退共、特退共に近いメリットを享受できる制度に、「企業型確定拠出年金」（企業型DC）があります。これは、従業員・役員（確定拠出年金は役員も対象）のために会社がお金を払い、外部にお金を積み立てて、将来、年金か一時金（併用可）として受け取ることができる制度です。

中退共等と同じで、事実上、従業員や役員の貯金となりますが、社会保険料や所得税等が掛からないため、多くの手取りを老後に残すことができます。受取時には所得税等が掛かりますが、年金でもらう場合は公的年金等控除、一時金でもらう場合は退職所得控除の対象となるため、非常に安い税金しか掛かりません（ゼロの場合もあります）。

中退共等との一番大きな違いは、運用を加入者一人ひとりの判断で行なわねばならず、投資教育が必要となる点です。中退共等では一定の利回りが決まっていて、どのように投資するかを考える必要がないのに対し、企業型DCではそれを自己責任で行なうことになります。

また、中退共等は原則として退職時にお金をもらえますが、確定拠出年金は年金でも一時金でも60歳にならないと受け取ることができません（一定の障害状態または死亡時を除く）。

掛金は月額5万5,000円が上限で、全員を同じ掛金にするか、「給料の何パーセント」といった客観的なルールで決める必要が

あります（その金額を給料でもらうか掛金に充てるかを各自が選択できる、「選択制DC」という制度もあります）。

　あと、確定拠出年金は金融機関などで扱っていますが、所定の事務手数料や口座管理手数料が掛かります。

　中退共等と確定拠出年金の両方に加入することも可能で、理論上は月額8万5,000円まで将来のために積み立てることができます。今の生活費が足らなくならないよう、適切な範囲で加入されるといいでしょう。

　確定拠出年金には、「個人型」（iDeCo）もあります。これは、給料の中から支払うので社会保険料の節減にはなりませんが、所得税等の節税になります。会社で確定拠出年金に加入している場合、個人型と併用できるかは会社の規約によりますので、ご確認ください。

確定拠出年金と中退共・特退共の違い

	確定拠出年金	中退共・特退共
加入対象	厚生年金加入者（役員含む）	従業員
給付額の変動	運用利回りによって変動する	原則として変動しない
掛金の設定	一定のルールで設定する	個別に設定できる
掛金の上限	月額55,000円	月額30,000円
投資教育	必要	不要
中途退職時の給付	なし	あり
管理手数料など	あり	なし

・生活費を給料以外の経費で支払えば、所得税等や社会保険料を節減できる

・お金を福利厚生費で渡すか、給料で渡すかでは、手取りが同じでも会社の負担は2倍以上も変わる

・旅費規程を作成すれば、規程で定めた額の宿泊費や出張手当を支払うことができる

・社宅に住むことで、所得税等や社会保険料の大幅な節減が可能である

・昼食や残業中の食事は、会社から補助することができる

・会議や接待目的の飲食は、経費にすることができる

・旅行やレジャーも福利厚生費で補助することが可能で、その制度の運用を外注できるサービスもある

・退職金や年金を外部に積み立てる制度（中退共・特退共、企業型確定拠出年金）を利用することで、所得税等や社会保険料を大幅に削減できる

3章

法人税ゼロを目指してはいけない！

間違った節税から
脱却する方法

A社長

税理士

1 「節税」のほとんどは「税の繰り延べ」である

A社長「先生、ご無沙汰しております。次の決算も近くなりましたので、ご相談に参りました」

税理士「今期は思ったより好調のようですね。よかったです」

「普段は来ない大きな仕事が入りまして。それはよかったのですけど、今年の税引前利益は1,000万円を超えてしまいそうです。先生から848万円を超えると税金が高くなるとお聞きしたと思うのですが」

「そうですね。会社の所得が800万円、税引前利益だとおおむね848万円を超えた金額については、税率が約1.5倍になります」

「今から税金を安くする方法はないですかね?」

「では、『税の繰り延べ』について検討したいと思います」

「税の繰り延べ……ですか?」

「はい。一般的に『節税』と言われているもののほとんどが、税の繰り延べです」

「どう違うのでしょうか?」

「節税と聞くと税金が安くなると思いますよね」

「はい。当然そう思います」

「例えば、今年は100万円税金が安くなるけど、来年の税金

が100万円高くなる方法があるとしたら、それは節税と言えますか？」

「結局、同じ額を払うのだったら、節税とは言えませんね」

「一般的に節税と言われている方法の多くは、そういう内容です。今年の税金が安くなるだけで、その分を来年以降に払うことになります。これを税の繰り延べと言います」

「それでは無意味じゃないですか？」

「そうとも言い切れません。100万円を払うのが1年遅くなれば、資金繰りはよくなりますよね。100万円を無利息で1年借りたのと同じですので、利息分だけは得しています。ただ、それを『100万円得した』と勘違いしている人が多いのです」

「私も勘違いしていました。節税することで、後の税金が高くなるなんて聞いたことがありませんでした」

「詳しいことは後でお話ししますけど、返戻金のある保険を利用したり、減価償却を前倒しに行なう方法などは、すべて税の繰り延べにあたります。ただ、上手にやると、今年の税金を100万円少なくして、将来払う税金は70万円しか増えない、ということは可能です」

「それだったら30万円得しますね」

「はい。逆に、今年の税金は100万円減ったけれど、後で払う税金が140万円増えるということもありえます」

「節税どころか、大損ですね！」

「そうです。だから税の繰り延べは計画的に、しっかり計算して行なわないといけないんです」

解説

　税金には、会社に課される法人税と、個人に課される所得税・住民税があります。所得税や住民税については、2章でご説明したように税金を負担しなくてすむ方法がありますが、法人税にはほとんどありません。

　例えば、飲食代を会社の経費にするというのは、よく法人税の節税と勘違いされますが、これは所得税等の節税です。通常であれば、給料をもらうときに所得税等を支払い、残ったお金で飲食します。その所得税等を負担せずに飲食できるので節税になるのです。

　会社にとっては、福利厚生費などの経費で飲食代を支払うか、給料として支払うかの違いはありますが、どちらにしても経費になりますので、法人税の金額は変わらないのです。

　法人税を負担しなくて済む方法としては、税制上の特例を利用するしかありません。特例を利用するには、設備投資を行なったり従業員の給料を増やすなどの要件を満たす必要があります。

　これは、どちらかというと節税というより補助金に近い内容です。特例は毎年変わってしまいますし、本書の趣旨とも合いませんので、詳しい説明は省かせていただきます。

　また、社長の役員報酬を高くすることで会社の利益をゼロにし、法人税を払わなくするという方法もありますが、大抵の場合、法

人税より高額の社会保険料や所得税等の負担が発生します。しかも、役員報酬は原則として途中で変更できないため、決算前に報酬を増やして会社の利益を減らすということはできません。

　では、一般的に「節税」と言われているものは、何なのでしょうか。これは、「税の繰り延べ」と言って、納税のタイミングを遅くする方法のことなのです。

　納税のタイミングを遅くしても、いずれ払うのなら同じではないかと思われるかもしれません。しかし、法人税の税率は所得によって変わりますので、税率が低いタイミングで納税すれば、結果的に税金が安くなります。逆に、高くなる場合もあります。

　世の中には、生命保険やドローンの購入、船舶や航空機の共同購入など、「節税商品」と言われるものがたくさんあります。これらは税の繰り延べですので、上手に使えば法人税を減らすことができる反面、かえって法人税を増やす可能性もあります。

　これらの商品を販売している人は、税金のプロではありません。支払った金額分の法人税がそのまま安くなると誤認させるような説明をしている場合もあるようです。

　この章は、「こんなすごい節税方法がある！」という内容ではなく、「実は節税になっていない」という内容がメインになっています。メリットが感じにくいかもしれませんが、間違った節税でお金を無駄にすることを防ぐのも大切なことです。

　特に、節税商品の購入は出費が大きくなりますので、この章の内容をよく理解されてから判断していただきたいと思います。

では、具体的な例を挙げて説明したいと思います。

　税の繰り延べは、今期100万円の利益を減らすことができる代わりに、来期以降の利益が100万円増加するという方法です。

　例えば、元々の税引前利益が1,000万円の会社が、100万円の経費を増やして税を繰り延べたとします。そうすると、利益が100万円減少しますので、税引前利益は900万円になります。このときに安くなる法人税は100万円×税率34％＝34万円です。

　一方で、来期以降の利益が増加しますので、元々の利益が1,000万円だと、税引前利益が1,100万円になります。増加する法人税は100万円×税率34％＝34万円ですので、結果的に納税額は同じということになります。右ページのケース①やケース②の場合は、納税のタイミングが遅くなるだけです。

　節税になるのはケース③のような場合です。100万円の経費を増やしたときの税率が34％で、法人税が34万円減少しますが、利益が100万円増えるときの税率が23％ですので、法人税は23万円しか増加しません。差し引き34万円－23万円＝11万円の節税になります。逆に、ケース④の場合は、法人税が増えてしまいます。

　今期の法人税をゼロに近づけるために、所得が800万円（税引前利益848万円）以下でも税の繰り延べをやっている会社が少なくありません。しかし、低い税率で繰り延べをしても節税にはならず、かえって法人税が高くなる可能性もあります。

　目指すのは法人税ゼロではありません。所得800万円を目指していけば、法人税が最も安くなるのです。

	ケース①		ケース②	
	今期	来期以降	今期	来期以降

ケース①	今期	来期以降
所得 800 万円（税引前利益 848 万円）	100万円 34% / 23%	100万円 34% / 23%
所得 400 万円（税引前利益 419 万円）	21%	21%
元の税引前利益	1,000 万円 ↓	1,000 万円 ↓
税引前利益	900 万円	1,100 万円
法人税の増減	−34 万円	＋34 万円

ケース②	今期	来期以降
	100万円 23%	100万円 23%
	21%	21%
元の税引前利益	600 万円 ↓	600 万円 ↓
税引前利益	500 万円	700 万円
法人税の増減	−23 万円	＋23 万円

	ケース③		ケース④	
	今期	来期以降	今期	来期以降

ケース③	今期	来期以降
所得 800 万円（税引前利益 848 万円）	100万円 34% / 23%	100万円 23%
所得 400 万円（税引前利益 419 万円）	21%	21%
元の税引前利益	1,000 万円 ↓	600 万円 ↓
税引前利益	900 万円	700 万円
法人税の増減	−34 万円	＋23 万円

ケース④	今期	来期以降
	100万円 23%	100万円 34% / 23%
	21%	21%
元の税引前利益	600 万円 ↓	1,000 万円 ↓
税引前利益	500 万円	1,100 万円
法人税の増減	−23 万円	＋34 万円

2 税の繰り延べといえば 倒産防止共済！

😎「税の繰り延べができる一番オーソドックスな方法は、倒産防止共済に掛けることだと思います」

🙂「聞いたことあります。経営セーフティ共済のことですよね」

😎「そうです。倒産防止共済は、掛金を支払ったときに全額が経費になる上に、3年4ヶ月以上掛けてから解約すると全額が返金される保険です。実質的に貯金のようなものなのに経費になるので、節税にはよく使われます」

🙂「貯金するだけで経費になるのですか！　すごいですね！」

😎「ただ、解約して返金されるときは、利益として課税されます。だから結局、税金を払わなければなりません」

🙂「それでは、一緒じゃないですか」

😎「上手にやれば税金を減らせますよ。例えば、税引前利益が1,000万円のときに100万円掛けたとすると、税率34％で34万円の税金が安くなりますね」

🙂「はい」

😎「税引前利益が600万円のときに解約して100万円戻ってくるのであれば、増える税金は税率23％で23万円です。差し引き11万円の節税になりますよ」

🙂「なるほど。うちの会社は今期、税率が34％になりそうなの

で、掛けておいたほうがいいですね！」

「はい。少なくとも損はしないと思います。資金繰りという意味でも、倒産防止共済は1年以上掛ければ、積み立てた掛金を担保に借入れできるので、大きなリスクはありませんね」

「3年4ヶ月経ったら、すぐ解約したらいいのですか？」

「そのときに、税引前利益が848万円を大きく下回っているのであれば、解約したらいいと思います」

「もし、あまり下回っていなかったら、どうなりますか？」

「倒産防止共済を解約すると利益が大きく増えますので、税引前利益が848万円を超えてしまうと思います。超えた金額には34％の法人税を払うことになりますね」

「では、業績が悪くなるタイミングまで待ったほうがいいのですね」

「そういうことです。倒産防止共済を、イザというときの貯金と考えるのであれば、赤字になりそうな年まで貯めておけばよいと思います。最大800万円まで貯まりますよ」

「そんなに貯まるのですか」

「はい。ただ、800万円も貯まってしまうと、解約したときに800万円分の利益が増えますので、税率が上がってしまう可能性が高いですね」

「なるほど。気をつけるようにします」

解説

　法人税の節税に関心のある方であれば、倒産防止共済（経営セーフティ共済）という名前は聞いたことがあると思います。税理士から勧められたことのある人も多いのではないでしょうか。

　本来は、取引先が倒産したときに、無担保で借入れができることを目的とした制度なのですが、実際はほとんど節税に使われています。支払った全額が経費となり、しかも事実上の貯金なのですから、こんな素晴らしい方法はないと思われていますし、「究極の節税」と呼ぶ人もいます。

　倒産防止共済に加入できるのは、1年以上事業を継続している中小企業で、加入手続きは商工会議所や金融機関などで行なうことができます。

　掛金は月額5,000円〜20万円（5,000円単位）の中で設定します。例えば、月額20万円だと年間では240万円になりますが、1年分を前納することもできます。前納した場合も支払時の経費にできるので、決算の直前に240万円前納し、経費を240万円増やすというケースがよく見られます。

　加入して3年4ヶ月以上掛け続ければ、解約したときに全額が返金されますが、それ以前に解約したとしても、次の表の割合で掛金が戻ってきます。

　例えば、加入して3年間掛けていれば、36ヶ月ですので、解約

12ヶ月以上	24ヶ月以上	30ヶ月以上	36ヶ月以上	40ヶ月以上
80%	85%	90%	95%	100%

したときは掛金の95％が戻ってくることになります。

　また、資金繰りが厳しいときは、解約をしなくても解約金の95％に相当する金額まで、無担保で借り入れることができます。例えば、毎月10万円を20ヶ月掛けているとすれば、解約した場合に戻ってくる金額は10万円×20ヶ月×80％＝160万円ですが、解約せずに160万円×95％＝152万円を借りるという方法を取ることもできるのです（利息や印紙代が必要になります）。

　3年4ヶ月を経過する前に解約すると目減りしてしまうので、とりあえず借入れで資金繰りを改善し、3年4ヶ月経ってから解約するというパターンが多いのです。

　倒産防止共済で節税になるのは、掛けたときの税率より、解約したときの税率のほうが低い場合だけです。これが逆になると、税金が増えるだけになってしまいます。むやみに掛けるものではありません。

　加入時は儲かっていたけど、3年4ヶ月経過する前に経営が悪化するという場合もあります。そのような場合は、掛金を減額して月額5,000円にします（ゼロにすると加入期間がストップしてしまうため）。なるべく掛金は法人税の税率が34％のときに支払い、赤字や税率23％以下のときには支払わないことが得策です。

3 車を買うなら中古車がいい？

「ところで、知り合いの中古車屋さんから、中古のベンツが節税になるから買えって言われているんですよ。もともと同じくらいの値段の新車を買おうと思っていたのですが、どちらがいいでしょうか？」

「何年落ちで、ご予算はいくらですか？」

「4年落ちで600万円です」

「3年10ヶ月以上の中古車は12ヶ月で全額が経費にできますが、今月が決算ですので、1ヶ月分しか経費になりません。600万円÷12で50万円が経費になります」

「それじゃあまり意味がないですね。残りは来年の経費になるのですか？」

「そうです。残りの550万円は来年の経費になります」

「でも普通に新車を買うと、そんなに経費にならないですよね。来年は節税になるのですか？」

「倒産防止共済と同じで、うまくやれば少し得しますけど、かえって税金が増える場合もあります」

「増えることもあるんですね……」

「まず、4年落ちの中古車であれば、12ヶ月で全額が経費になりますので、年度の最初の月に買えば全額がその年の経

費になります。新車の場合は6年に分けて経費にしますので、1年目には200万円しか経費なりません」

「6分の1で100万円ではないのですか？」

「そういうやり方もありますけど、一般的には定率法といって『初年度の経費が多く、2年目以降の経費が少なくなっていく』という計算をします」

「でも、中古車だったら600万円がすべて経費になるのですよね。200万円しか経費にならないと損した気分ですよ」

「中古車で全部1年目の経費にしてしまうと、2年目以降は一切経費になりません。新車であれば6年目まで経費になりますので、トータルで経費になる額は同じです」

「1年目は中古車のほうが税金が安くなるけど、2年目以降も考えたら同じということですか？」

「法人税の税率が変わらないなら、同じということになります。しかし中古車なら、納税が遅くなる分、その間の資金繰りはよくなります」

「税率が変わる場合はどうなりますか？」

「今年だけ利益がすごく出て法人税が34％掛かるのであれば、節税になる可能性が高いと思います」

「どうしてですか？」

「来年以降の法人税が23％とか21％であれば、そういう税率の低いときに経費にするよりも、今年34％の税率で経費にしたほうが、安くなる税額が大きくなるからです」

「なるほど。節税になるかどうかはケースバイケースなのですね」

「4 年落ちのベンツを買う」という節税策も、割と知られている方法です。なぜベンツかというと、他の車に比べて価格が落ちにくく、後で売却しやすいからです。もちろん売却したとしても、売却収入に対して法人税が掛かりますので、根本的な節税にはなりません。

　会社で購入した自動車を業務に使用している場合、購入費用を決められた年数に分けて経費にします。この経費を「減価償却費」と言い、決められた年数のことを「耐用年数」と言います。

　耐用年数は新車であれば 6 年ですが、中古車の場合は何年落ちかで年数が変わります。その年数を計算すると、3 年 10 ヶ月以上経過している中古車は 1 年ですべて減価償却費にできることになります。

　年度の途中で購入した場合は月割りになりますので、決算ぎりぎりに購入してもあまり経費にはなりません。年度の最初の月に購入すればその年度に全額が経費になります。

　仮に年度の最初に購入した場合、新車と中古車で、減価償却費はどのように変わるでしょうか。それを示したのが右ページの表です。

　購入した 1 年目だけを比べると、中古車は新車の 3 倍も経費になりますので、法人税は安くなります。しかし、2 年目以降は 1

円も経費になりません。そのため、トータルで経費になる金額は同じになります。

　30万円未満の固定資産を購入した際に、その全額を経費にできる特例もありますが、理屈は同じで、トータルの経費は同じになります。

新車と中古車（4年落ち）の減価償却費
購入費用600万円の場合

	新車	中古車
1年目	200万円	600万円
2年目	133万円	0円
3年目	89万円	0円
4年目	59万円	0円
5年目	59万円	0円
6年目	59万円	0円
合計	600万円	600万円

※1万円未満を四捨五入しているため、合計が合わないことがあります。

具体的に見てみましょう。例えば、毎年の税引前利益が1,000万円の会社が600万円の自動車を買うのであれば、新車と中古車で法人税が安くなるのはどちらでしょうか。

　それを計算したのが右ページの表です。1年目だけ比較すると中古車を買ったほうが、185万円 − 92万円 = 93万円も法人税が安くなりますね。ところが6年間の法人税の合計を見ると、新車のほうが1,327万円 − 1,285万円 = 42万円も安くなっています。

　この章の第1節でも、目指すべき所得は800万円（税引前利益848万円）と書きましたが、これより利益を低くしてしまうと、法人税が増えてしまう可能性があります。この中古車のケースでは400万円まで下げていますが、下げすぎですね。もし、今期の税引前利益が1,500万円くらいであれば、中古車を買っても税引前利益は900万円ですので問題ないと思います。

　なお、中古車を購入した場合でも、新車と同じように6年で経費にすることも可能です。ですから、利益が少ないからといって、あえて新車を購入する必要はありません。

　実は、耐用年数は法令で決められた期間より長くすることができるのです。中古車を6年で経費にすることもできますし、新車を10年で経費にすることも可能です。

　ただ、100年で経費にするなど、通常より極端に経費が小さくなるような方法は、金融機関から不適切な処理と見られてしまう可能性があります。あくまで常識の範囲で計算することをお勧めします。

新車を600万円で購入した場合

	元々の利益	減価償却費	税引前利益	法人税
1年目	1,000万円	200万円	800万円	185万円
2年目	1,000万円	133万円	867万円	202万円
3年目	1,000万円	89万円	911万円	217万円
4年目	1,000万円	59万円	941万円	227万円
5年目	1,000万円	59万円	941万円	227万円
6年目	1,000万円	59万円	941万円	227万円
合計	6,000万円	600万円	5,400万円	1,285万円

4年落ちの中古車を600万円で購入した場合

	元々の利益	減価償却費	税引前利益	法人税
1年目	1,000万円	600万円	400万円	92万円
2年目	1,000万円	0円	1,000万円	247万円
3年目	1,000万円	0円	1,000万円	247万円
4年目	1,000万円	0円	1,000万円	247万円
5年目	1,000万円	0円	1,000万円	247万円
6年目	1,000万円	0円	1,000万円	247万円
合計	6,000万円	600万円	5,400万円	1,327万円

4 生命保険は本当に節税になる？

🙂「もう一ついいですか？　実は、生命保険も勧められていまして……」

🤓「別に節税にならなくても、保険として必要なら入ればいいと思いますよ」

🙂「でも、節税になるなら使いたいですよね」

🤓「まあ、そうですね」

🙂「契約して5年以上経つと、掛けた額の85％が返戻金で戻ってくるそうです。それで払った額の4割が経費になるらしいのですが」

🤓「例えば1,000万円の保険に入ったとします。最初の5年間、毎年100万円の保険料を支払って、6年目に解約したらどうなるか計算してみましょうか」

🙂「はい。お願いします」

🤓「最初の5年間は法人税の税率が34％で、解約する6年目の税率が21％の場合が一番節税になりますね」

🙂「そうなりますね」

🤓「では、1年目から5年目までは税引前利益1,000万円、6年目は税引前利益ゼロで計算してみます」

🙂「その場合はどれくらい節税になりますか？」

114

「計算できました。このようになりますね（117ページ参照）」

「法人税は1,242万円－1,201万円＝41万円も安くなるのですか？」

「6年目の利益が少なければ、たしかに法人税は安くなります」

「だったら、掛けたほうが得ですか？」

「法人税は41万円安くなりますけど、保険料として結果的に75万円支払っているので、トータルでは34万円のマイナスです」

「じゃあ、やめたほうがいいですね」

「そうとも言えませんよ。この5年間の間に、もし社長に万一のことがあったら1,000万円入ってきます」

「そういえば、そうでした」

「本来は75万円の保険に34万円で加入できると考えれば、少し得していますよ」

「なるほど。結局、本当に保険として必要かどうかで考えるべきなのですね」

「はい。保険の目的はあくまで保障です。保険に入りさえすれば税金が安くなって得をする、と考えるのは間違いです」

生命保険というと節税のイメージが強い方もいらっしゃいます。たしかに以前は保険料の50％が経費になったり、商品によっては100％が経費になるものもあり、節税目的で契約する方も多かったように思います。

現在はルールが改正され、一般的な返戻金のある定期生命保険であれば、一定期間は保険料の40％しか経費になりません。解約したときは、実際の保険料（支払額と返戻金の差額）と、それまで経費にした金額との差額が利益となります。

例えば、右ページの表で言うと、年間100万円の保険料に対して40万円が経費となります。5年間の経費の合計は200万円です。6年目に解約したときは、5年分の保険料500万円の85％が戻ってきますので、425万円が返金されます。つまり実際に保険料として支払ったのは500万円 − 425万円 = 75万円です。

75万円しか保険料を支払っていないのに、200万円も経費にしたのは多すぎますので、差額の200万円 − 75万円 = 125万円が利益となってしまうのです。

ですので、保険を解約した年の法人税は増えてしまいます。今回の例のように、タイミングがよければ6年間の法人税の合計は減らせますが、払った保険料まで含めるとマイナスです。出費そのものが減るわけではありませんので、お気をつけください。

保険を契約しない場合

	元々の利益	保険料	経費算入額	税引前利益	法人税
1 年目	1,000 万円	0 円	0 円	1,000 万円	247 万円
2 年目	1,000 万円	0 円	0 円	1,000 万円	247 万円
3 年目	1,000 万円	0 円	0 円	1,000 万円	247 万円
4 年目	1,000 万円	0 円	0 円	1,000 万円	247 万円
5 年目	1,000 万円	0 円	0 円	1,000 万円	247 万円
6 年目	0 円	0 円	0 円	0 万円	7 万円
合計	5,000 万円	0 円	0 円	5,000 万円	1,242 万円

保険を契約し、6 年目に解約した場合

	元々の利益	保険料	経費算入額	税引前利益	法人税
1 年目	1,000 万円	100 万円	40 万円	960 万円	234 万円
2 年目	1,000 万円	100 万円	40 万円	960 万円	234 万円
3 年目	1,000 万円	100 万円	40 万円	960 万円	234 万円
4 年目	1,000 万円	100 万円	40 万円	960 万円	234 万円
5 年目	1,000 万円	100 万円	40 万円	960 万円	234 万円
6 年目	0 円	−425 万円	−125 万円	125 万円	34 万円
合計	5,000 万円	75 万円	75 万円	4,925 万円	1,201 万円

5 節税に「出口」はあるのか？

😊「ところで、役員の退職金を払う年に保険を解約すれば、『保険の返戻金の利益』と『退職金の経費』が相殺されて税金が掛からないって、保険屋さんから聞いたことがあるのですが、本当にそうなんですか？」

😎「半分正しく、半分間違っています」

😊「どういう意味ですか？」

😎「例えば、ある保険を解約すると600万円の利益が出る状態だとします」

😊「解約したら、法人税が増えてしまいますよね」

😎「毎年の税引前利益が1,000万円だとして、この年に退職金を1,600万円払ったら、利益はどうなりますか？」

😊「1,000万円－1,600万円＝－600万円ですから、600万円の赤字だと思います」

😎「そうです。この年に保険を解約したら、利益が600万円増えますので、利益はゼロになりますね」

😊「では、法人税は払わなくていいのですか？」

😎「はい。利益がゼロですから法人税は均等割だけです。こういうのを、税の繰り延べの『出口』と言います」

😊「だったら、保険料を払ったときに法人税が安くなった分、

　得したことになりますね！」

「それで、『出口』があれば節税になりますよ、と言われるの
　です。だから半分は正しいです」

「残り半分は何ですか？」

「保険を解約した年の法人税はゼロなのですが、翌年の法人
　税が高くなってしまいます」

「どうしてですか？」

「この表（121 ページ参照）を見てください。保険の解約が
　ない場合は、600 万円の赤字になります。この赤字は翌年
　に繰り越されて、翌年、税金を計算するときに利益からマ
　イナスすることができるのですよ」

「翌年の経費になるのですか？」

「イメージとしては合ってます。でも、保険の解約をすると、
　赤字がなくなりますので、翌年は普通に法人税が掛かって
　しまいます」

「比較すると 2 年目の法人税が高くなっていますね」

「はい。退職金を出す年に保険を解約しても、さらに 1 年税
　の繰り延べができるだけで、法人税が発生することには変
　わりありません」

「では、結局、『出口』なんてないのですか？」

「保険を解約し、退職金を払ってすぐに会社を解散するので
　あれば、翌年がありませんから節税になると思います」

「それは特別なケースですよね。なんだか騙された感じがし
　ます」

「だから、『半分間違っている』と言ったのです」

解説

　生命保険の解約などで利益が増えてしまう年度に、あえて赤字を作って法人税をゼロにする方法を、業界用語で「出口」と呼んでいます。

　たしかに、その年の法人税だけを見るとゼロですので、過去に法人税が安くなった分、得をしたように感じます。しかし、そうではありません。

　もし保険の解約がなく、赤字であれば、翌年の法人税が安くなります。ところが保険を解約すると赤字がなくなり、翌年の法人税が増えてしまうのです。会話の事例で計算してみましょう。

　右ページの表にあるように、元々の税引前利益が1,000万円の会社が1,600万円の退職金を出したら利益は－600万円、つまり600万円の赤字となります。赤字の年度の法人税は均等割だけですので、小さい会社なら7万円となります。

　この600万円の赤字は繰り越され、翌年の課税ベースを減少させることができます（決算書には載りません。申告書という書類で計算します）。そのため、翌年の法人税が大幅に安くなります。繰り越される赤字のことを「繰越欠損金」と言い、翌年も赤字の場合はさらに繰り越されます（最大10年まで）。

　この事例では、2年目は税引前利益1,000万円から繰越欠損金600万円が差し引かれ、400万円に対して法人税が課税されています。そのため税額は92万円です。

　保険を解約した場合は、繰り越される赤字がありませんので、2年目は税引前利益1,000万円に対して法人税が掛かります。税額は247万円ですので155万円も増えてしまいました。結局、どこかで法人税を負担しなければならないのです。

　法人税を負担しなくてもいいのは、保険を解約したり退職金を支払った年度で会社を解散してしまうケースです。法人税を払う機会がありませんので、一応、節税になります。

　もう一つは、翌年から会社を解散するまでずっと赤字で法人税の支払いがないケースです。もちろん、そんな状況を想定して経営している社長はいないでしょうから、基本的に「税の繰り延べに『出口』はない」と考えるのが妥当です。

保険の解約がない場合

	元々の利益	返戻金	税引前利益	課税ベース	法人税
1年目	−600万円	0円	−600万円	0万円	7万円
2年目	1,000万円	0円	1,000万円	400万円	92万円
合計	400万円	0円	400万円	400万円	99万円

1年目に保険の解約がある場合

	元々の利益	返戻金	税引前利益	課税ベース	法人税
1年目	−600万円	600万円	0円	0万円	7万円
2年目	1,000万円	0円	1,000万円	1,000万円	247万円
合計	400万円	600万円	1,000万円	1,000万円	254万円

・税金を払うタイミングを遅くすることを「税の繰り延べ」と呼ぶ

・税金を払うタイミングを遅くした結果、そのときの税率が低くなっていれば、結果的に節税になる（高くなる場合もある）

・会社の所得が 800 万円（税引前利益 848 万円程度）に近づくように税の繰り延べを行なっていくと、節税になる可能性が高い

・税の繰り延べの最もオーソドックスな方法は、倒産防止共済に加入することである

・4 年落ちの中古車を買えば、12 ヶ月で経費にすることが可能であるが、これも税の繰り延べである

・生命保険も税の繰り延べなので、根本的な節税ではない

・生命保険の解約時に退職金を出すなどの方法で、その年度の法人税をゼロにすることは可能であるが、税負担が翌年に繰り越されるだけである

4章

知ってるようで意外と知らない！

生命保険をおトクに
活用する方法

A社長

税理士

1 会社で契約すれば 生命保険は半額？

😊 「先生のお話を聞いていると、会社で保険に入る意味はあまりなさそうですね」
A社長

😊 「そんなことはないですよ。基本的には会社で契約したほうがいいと思います」
税理士

😊 「どうしてですか？」

😊 「個人で保険に入るということは、給料の中から社会保険料や所得税、住民税を引いた残りで保険料を払うことになりますよね」

😊 「はい」

😊 「個人が1万円の保険料を払うのに、会社は実質的に2万円近く負担しているわけです」

😊 「そうなりますね」

😊 「だったら、最初から会社で1万円の保険料を払うようにすれば、社会保険料や税金の負担がなくなります」

😊 「なるほど。法人税の節税にはあまりならないけど、社会保険料とかの節減はできるというわけですね」

😊 「そうです！ 社長だけが入る保険なのか、従業員の方もみんな加入されるのかで扱いが違いますけど、経費にできるという点では同じです」

「どう違うのですか？」

「まず、社長だけが保険に入る前提でお話ししますね。返戻金がないか、あっても払った保険料の半分以下になる定期保険については、保険料が全額経費になります」

「全額経費ですか！ いいですね」

「ただし、保険金の受取人は会社にします。受取人が家族だと、支払った保険料が給料と見なされて所得税と住民税が掛かってしまいます」

「でも、保険金が家族の手元に入らないと困りますよね」

「規程さえ作っておけば、死亡退職金や弔慰金という名目でかなりの額を家族の方に渡すことができますよ」

「では、基本的には家族に渡るのですね」

「はい。ちなみに、会社に入った保険金は利益として法人税が掛かりますけど、同じ額を退職金などの経費にすれば、相殺されて法人税は変わりません」

「なるほど。家族に税金は掛かるのですか？」

「社会保険料や所得税などは掛かりません。ただ、一定金額を超えると相続税が発生する場合もあります」

「相続税が掛かるのですね」

「ただ、ある程度の財産を持っていないと、そもそも相続税の対象にはなりません。相続税を申告するのは死亡件数の1割もありませんよ」

「私は大丈夫ですか？」

「相続税については、あらためて別の日にご相談に乗らせていただきますね」

　会社から役員報酬や給料を支払うと、社会保険料や所得税等で半分近く引かれてしまい、その残りで生命保険などの保険料を支払うことになります。これを、会社から直接支払うようにすれば、事実上、半分の負担で保険に入ることができます。

　会社で保険契約する場合は、いくつか注意点があります。その注意点などを、この章では説明していきます。

　まず、社長が入る保険についてお話しします。出費を抑えたい場合、返戻金がない（あるいは50％以下の）定期保険がよく使われます。返戻金の多い保険に比べて保険料が安い上に、支払時に全額経費にすることができるからです。また、受取人を家族にしてしまうと、給料と見なされて所得税等が掛かってしまうため、会社で受け取るようにします。

　会社で受け取った保険金は、できれば家族に渡したいですよね。しかし、そのまま渡すことはできませんので、死亡退職金や弔慰金として渡すことになります。

　死亡退職金や弔慰金については、事前に規程を作っておく必要があり、あまりに高額だと税務署から経費として認められない可能性もあります。適正な金額は顧問税理士等に相談して決めてください。

　家族が死亡退職金や弔慰金を受け取ったときは相続税の対象に

なりますが、非課税の枠があります。非課税となる金額は、死亡退職金は500万円×法定相続人数、弔慰金は半年分（業務上の死亡の場合は3年分）の給与額までとなっています。

　これとは別に、家族が直接受け取る死亡保険金についても500万円×法定相続人数の非課税枠があります。もし相続人が妻と子供2人であれば法定相続人数は3人ですので、死亡退職金も死亡保険金も500万円×3人＝1,500万円まで非課税となります。つまり、合わせて最高3,000万円まで相続税が非課税となります。

　なお、家族が受取人の生命保険も、個人で契約するより会社で契約したほうが有利です。先ほどご説明したとおり、所得税等が課税されますが、社会保険料は掛かりません。手取りの中から保険料を支払うよりも、社会保険料の分だけ得になります。

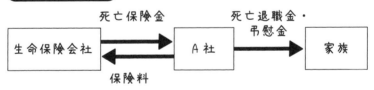

2 社長の退職金を生命保険で備えるメリット

😎「次に、解約したときの返戻金が50％を超えるような定期保険について説明します」

🙂「お願いします」

😎「先ほど、死亡退職金についてお話ししましたけど、普通は退職後に亡くなりますので、社長の退職金は別に積み立てなければなりませんよね」

🙂「そうですね」

😎「退職金のために貯金してもいいのですけど、その貯金も兼ねて長期平準定期保険という保険がよく使われます」

🙂「先ほどお聞きした定期保険と、どう違うのですか？」

😎「支払う保険料は高めですけど、解約すると返戻金が戻ってくるので、それを退職金に充てることができます」

🙂「どれくらい戻ってくるのですか？」

😎「返戻率が85％弱の商品が多いです。85％を超えると、保険料を支払ったときに経費にできる割合が下がってしまうので、85％以下にしているのですね」

🙂「でも、経費になった分は税の繰り延べになるだけで、節税にはならないのですよね？」

😎「そうです。トータルの納税額はあまり変わりません。ただ、

税の繰り延べを多くできたほうが、解約するまでの資金繰りはよくなります」

「たしかにそうですね」

「あと、一番のメリットは、同じ保障内容であれば、返戻金のない定期保険よりも長期平準定期保険のほうが安いことだと思います」

「あれ？　長期平準定期保険のほうが、保険料が高いのではなかったでしたっけ？」

「はい。支払う金額は高いですけど、戻ってくる返戻金を差し引いた実質的な保険料は安くなります」

「どれくらい安いのですか？」

「保険会社や商品によりますけど、例えば40歳で契約して30年後に解約するのであれば、返戻金のない定期保険より長期平準定期保険のほうが3割くらい安いと思います」

「なんでそんなに安いのですか？」

「保険料の積み立て部分は運用に回されているので、その利回りがある分、実質的に安くなるのです」

「貯金というより資産運用を兼ねている感じですか？」

「そうです。もし積極的に投資をしたいのであれば、定期型の変額保険というのもあります。長期平準定期保険と考え方は同じですけど、運用実績がよければ死亡保険金や返戻金が増えるようになっています」

「だったら、そちらのほうがいいじゃないですか」

「ただ、運用実績が悪ければ返戻金は減りますので、リスクも踏まえて選ぶ必要がありますね」

 解説

　長期平準定期保険という保険は、将来の保険料の一部を前払いする仕組みになっていて、解約すると前払いした保険料が返金されます。支払った保険料の合計に対して、返金される割合を返戻率と言い、最も割合が高いときの返戻率を「最高解約返戻率」と言います。

　最高解約返戻率が50％以下であれば支払った保険料の全額を経費にできますが、50％を超えると経費にできる割合が変わっていきます。これには複雑なルールがありますが、特に知っておいていただきたい部分を抜粋したのが下記の表です（簡略化していますので、詳しい内容に関心のある方は133ページをご参照ください）。

最高解約返戻率	50％以下	50％超～70％以下	70％超～85％以下	85％超
保険料の一部しか経費にできない期間	なし	保険期間の40％	保険期間の40％	省略
上記の期間中に経費にできる割合		60％	40％	省略

　例えば、最高解約返戻率85％、保険期間60年、保険料が毎年100万円だとすると、最初の60年×40％＝24年間は、保険料のうち100万円×40％＝40万円が経費になります。25年目か

らはその年に支払った保険料の全額が経費になり、表には記載していませんが46年目からは経費にできる額がさらに上がります（普通はそうなる前に退職する年齢を迎え、解約します）。

このケースでは、最初のうちは経費が40万円ですので、安くなる法人税は、税率が34％だとすれば13.6万円です。これは資金繰りにとってプラスですが、一方で保険料に100万円も支払っているので、むしろ資金繰りは悪くなります。

お金が足りなくなったときのために、契約者貸付といって、積み立てている保険料を担保に借入できる制度があります。上限は保険会社によりますが、そのときの解約返戻金の80〜90％という設定が多いようです。いつでも借入できるということを考えると、長期平準定期保険が資金繰りの大きなリスクになるという心配はしなくていいと思います。

変額保険は、予定されている返戻率で経費にできる割合が決まります。利回りを重視して選ぶと、返戻率が85％を超える商品になることが多いので、経費になる金額は小さくなります。

例えば、予定の最高解約返戻率が90％の場合だと、基本的には最初の10年間は保険料の19％が経費になり、11年目からは37％が経費となります。

近年の保険会社の投資実績を見る限りでは、一般的に返戻率が予定を上回る傾向にあるようです。満期の保険金などをさらに増やせる可能性が高いのですが、当然、減少するリスクも伴います。

一方で、長期平準定期保険を含む通常の保険に、リスクがない

かといえば、そうではありません。今は、日本の物価はほとんど変わらない状況が続いていますが、将来的にはインフレになる可能性もあります。

　通常の保険は死亡保険金も返戻金も決まっていますので、インフレが起きると実質的には目減りします。そうなってしまうと必要な生活費などを確保できません。変額保険であれば、物価の上昇はそのまま運用利回りの上昇につながりますので、本当に必要な資金を確保しやすいという面があります。

　私たちにとって死亡は大きなリスクですが、インフレというリスクにも備えたいという人には、変額保険が適しているのではないでしょうか。

　話を戻しますと、生命保険は根本的に法人税の節税にはなりません。必要があって生命保険に入るのであれば、個人で契約するより法人のほうが所得税等を節減できる分有利ですし、返戻金のない定期保険より長期平準定期保険のほうが割安です。変額保険であれば、インフレリスクを回避できます。生命保険はあくまで必要性とメリットを考えて契約すべきです。

　それを、とにかく多く掛けたほうが節税になると勘違いして、必要以上の保障をつけている社長が少なくありません。それではかえって無駄な出費になりますので、必要な保障の範囲で契約することを心掛けてください。

定期保険等を経費にできる金額について

定期保険等の保険料については、支払額のうち「資産計上額」が定められています。経費になる金額は（支払額－資産計上額）となります。つまり、「支払保険料の60％を資産計上する」とは、40％を経費にするのと同じことです。資産計上した金額は、取り崩し期間に均等に経費にしていきます。

最高解約返戻率	資産計上期間	資産計上額	取り崩し期間
50％以下	なし	なし	なし
50％超 70％以下	保険期間の40％を経過するまで（注1）	支払保険料の40％	保険期間の75％を経過してから保険期間終了まで
70％超 85％以下		支払保険料の60％	
85％超	最高解約返戻率となる事業年度まで（注2）	**10年経過するまで** 支払保険料 × 最高解約返戻率 × 90% **11年目以降** 支払保険料 × 最高解約返戻率 × 70%	資産計上期間が経過してから保険期間終了まで

（注1）最高解約返戻率が50％超70％以下の契約（他社契約等も含む）の保険料の合計が年間30万円以下の場合、全額を経費にすることができる。

（注2）上記期間の後で、（当年の解約返戻金相当額－前年の解約金相当額）÷（保険料の総額÷保険期間の年数）が70％を超える事業年度がある場合、該当する最も遅い事業年度までが資産計上期間となる。また、資産計上期間が5年未満となる場合には、5年間（保険期間が10年未満の場合には、保険期間の50％を経過するまで）となる。

3 従業員の生命保険を 会社で契約しよう

👓「次に、もし従業員の皆さんも含めて保険に加入されるので あれば、税金の計算方法が変わります」

😊「どう変わるのですか?」

👓「まず、返戻金のない定期保険に関しては、適切なルールに 基づいて加入するのであれば、保険料の全額が福利厚生費 となります。給料として課税されることもありません」

😊「受取人が家族の場合もですか?」

👓「そうです」

😊「だったら、私だけ保険に入るより節税になりますね!」

👓「はい。所得税や住民税の節税という意味では、みんなで加 入したほうがいいですね」

😊「でも、これは従業員の退職金の積み立てにはならないです よね」

👓「もし、従業員の退職金の積み立ても兼ねて保険を契約する のであれば、通常は養老保険という保険を契約します」

😊「養老保険? どういう保険ですか?」

👓「養老保険は、一般的に定年までを満期として加入しますけ ど、その期間に死亡した場合は家族に保険金が入ります」

😊「つつがなく定年を迎えたら、どうなるのですか?」

「満期を迎えたときには死亡保険金と同額が会社に入りますので、それを退職金として社員に支払います」

「最初から、満期のお金を本人がもらえるようにはできないのですか？」

「できますけど、そういう契約だと保険料が給料と見なされて所得税などが掛かってしまうので、あえて会社で受け取れるようにするのです」

「そうなんですね」

「あと、養老保険の場合、経費になるのは毎年の保険料のうち半分だけです。これは税の繰り延べですので、根本的な法人税の節税にはなりません」

「私だけが保険に入る場合と同じですね」

「そうです。くどいようですが、個人的に保険に入るより、社会保険料や所得税などの分は得します」

「従業員が得をするならいいと思いますけど、定期保険でなく養老保険にするメリットは何ですか？」

「従業員の退職金のために会社で貯金をして、さらに定期保険にも入るのであれば、養老保険のほうがトータルでの出費は少ないですよ」

「長期平準定期保険と同じですね」

「はい。積み立てられている保険料は保険会社が運用していますので。長期になると支払った保険料より戻ってくる金額のほうが多いこともあります」

「だったら、養老保険も検討したほうがいいですね！」

「ただ出費が大きいので、判断は慎重にお願いします」

　生命保険の保険料を福利厚生費とするためには、役員や従業員が平等に加入できるような社内規程が必要です。一部の役員や従業員しか入れない場合は、給料の支払いがあったと見なされて所得税等が掛かってしまいます（役員だけ加入できないという区別は認められます）。

　平等といっても、勤続年数や職種（営業職・事務職）のように、客観的な基準で保険金額に差をつけることは認められています。また、勤続3年以上が加入できるなど、加入の条件を決めておくこともできます。

　給料の手取りの中から個人が保険料を支払うというのは、社会保険料などの負担が大きいです。給料を増やすより、その予算で会社が生命保険に入ってあげたほうが従業員に喜ばれるかもしれません。

　中小企業が退職金を積み立てる方法として、2章で中退共や特退共を紹介しました。それ以外に、会社から退職金を支給する場合は養老保険を活用するという方法もあります。

　ただ、養老保険に入ったあと、定年まで勤めてもらえればいいですが、その前に退職してしまうことも想定されます。その場合は保険を解約して解約返戻金をもらい、退職金に充てることになります。ここに1つ問題があります。

養老保険のイメージ図

払込保険料
累計額

解約返戻金

死亡保険金

満期保険金

契約　　　　　　　　　　　　満期

保険料払込期間

　養老保険のイメージは、上の図のようになります。保険料は定額で支払っていくのに対し、返戻金は年数が過ぎるほど増加額が大きくなります。そのため、途中で解約すると支払った保険料に対して返戻金が少なくなります。

　もし、定年まで勤務する従業員が少なく、大半が途中で退職してしまうような会社だと、貯金代わりに掛けた養老保険は目減りするばかりとなってしまいます。

　養老保険は掛ける金額も大きくなりますので、本当に目的としている効果が得られるのか、十分に検討してから契約されることをお勧めいたします。

4 おトクに医療保険に入る方法

😊「最後に、医療保険についてもお聞きしていいですか？」

🤓「はい。医療保険も、従業員の皆さんが給料の中から保険料を払うより、会社で契約したほうが社会保険料や所得税などを節税できますね」

😊「入院給付金とかは、本人に入るのですか？」

🤓「本人が受け取る契約にしてしまうと、保険料の支払いを給料と見なされて課税されてしまいます」

😊「では、受取人は会社になるのですね？」

🤓「はい。いったん会社に入ったお金を、見舞金として本人に支払うことになります」

😊「見舞金には税金は掛かるのですか？」

🤓「目安として5万円くらいまでなら非課税です。社会保険料も掛かりませんし」

😊「5万円でももらえたら大きいですよね。安心して働いてもらうには、あったほうがいいですね」

🤓「はい、いいと思いますよ。あと、短期払いという方法があって、例えば10年間で終身の保険料を支払ってしまうという契約も可能です」

😊「何のために、そういう契約をするのですか？」

「終身の医療保険の保険料を払い終えてから、退職時に個人に名義変更します。そうすれば、退職後も保障されますので、個人で医療保険に入る必要がなくなりますよね」

「そうですね」

「個人で医療保険に入るとなると、手取りから支払うことになるので割が悪いです。だから、在職中に経費で出してあげようということです」

「なるほど。でも終身だと保険料は高くなりますよね」

「はい。予算的に難しければ社長だけでも可能ですよ」

「私だけでもいいのですね。ただ、定年がないからずっと経費で保険料を払えばいいのではないですか？」

「それが逆なんです。社長は医療保険を短期払いして、払い終えたらすぐに個人に名義変更する方が多いです」

「なぜそうするのですか？」

「会社名義のままだと、給付金は会社に支払われます。そこから弔慰金で自分がもらえるのは5万円ですよね」

「そうですね」

「名義を自分に変えてしまえば、給付金はすべて自分が受け取れます。5万円以上もらえますし、そのまま非課税の手取りになりますから、そちらのほうがいいでしょう？」

「なるほど。賢いですね！」

「注意点として、短期払いをする場合、年間の保険料が30万円を超えてしまうと、保険料を支払ったときに全額を経費にすることができなくなります」

「わかりました。そうならないよう気をつけます」

　生命保険と同様に、医療保険も会社で契約した場合には、社会保険料や所得税等の節減になります。法人税の節税ではありません。基本的には2章で説明したとおり、給料の手取りの中から支払っているものを、会社の経費にするという方法です。

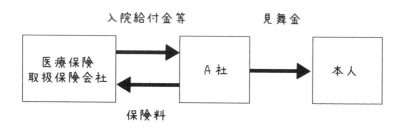

　会社で医療保険に加入する場合、一般的には上の図のような形になります。会社がいったん給付金を受け取るため、見舞金として決められている金額までしか本人には支給されません。入院が長引いて給付金が20万円出たとしても、本人がもらえるのは5万円ということもありえます。

　残りの15万円は会社の利益になります。休んでいる従業員の仕事の穴埋めなどに出費がかさむこともあるので、会社にとっては都合がいいですが、本人にとっては保障が小さくなります。

　もちろん、20万円すべてを本人に支払ってもいいのですが、

規程の見舞金が5万円であれば、5万円を超えた部分は給料となりますので、社会保険料や所得税等が掛かります。

　終身の医療保険を短期払いして、名義を変更する方法については、実際には、解約返戻金相当額で買い取るという形になります。

　通常は、保険料の支払いが終わっていなければ、解約返戻金はゼロとなり、無償で名義変更ができます。その代わり、名義変更後も一定期間は保険料を支払わなければなりません。

　保険料の支払いを終えたあとの解約返戻金は、一般的に入院給付金日額の10倍となっています。例えば入院給付金が1日1万円であれば、返戻金は10万円となります。これらの扱いについては保険会社によって異なりますので、必ずご確認ください。

　社長が在職中に医療保険の名義を変更する場合は、上記の10万円を会社に支払って買い取る形を取ります。わずか10万円で死ぬまで保障されるのですから、格安での買い取りです。

　従業員が退職時に名義を変更するのであれば、退職金に含めてしまいます。つまり10万円の退職金をプラスして支払ったという扱いになりますが、ほとんどの場合、退職金は非課税枠の範囲ですので所得税等は発生しません。

　社長だけを終身保険にするのであれば大きな出費ではありませんが、従業員も全員となるとかなりの金額になってしまいます。養老保険でもそうですが、税金なども含めたメリットを従業員の皆さんがどれだけ理解し、モチベーションアップにつながるかを見極める必要があると思います。

4章のポイント

・個人で保険契約すると、所得税等や社会保険料を負担した残りの給料から保険料を支払うことになる。会社で契約する場合は所得税等や社会保険料の負担がないので、その分を節減できる

・社長が定期保険等に加入し、死亡保険金が会社に入る場合は、死亡退職金や弔慰金として家族に支給する必要がある

・会社で長期平準定期保険に加入する場合は、保険料の一部が経費になるが、これは税の繰り延べである

・長期平準定期保険は返戻金のない定期保険より割安であり、変額保険はインフレのリスクに備えることができる

・養老保険は、従業員の死亡保障と退職金の積み立てを同時に行なうことができる

・医療保険も会社で契約したほうが、所得税等や社会保険料の分だけ負担が少なくなる

・会社に入金された入院給付金等は、見舞金として本人に渡す

・短期払いした医療保険を、本人名義に変更する方法もある

5章

消費税の仕組みが大幅改定！

インボイス制度の
節税への影響

A社長

税理士

1 接待費の消費税は戻ってくる？

A社長 「先生、こんにちは。うちによく来てもらっているB電気店さんが、今は個人事業なのですけど、『消費税が2年間ゼロになるから会社を作る』と言っていました。本当に消費税がゼロになるのですか？」

税理士 「要件を満たせばゼロになりますよ。御社も最初の2年間は消費税の納付はなかったはずです」

「そうでしたっけ？　ずいぶん前なので忘れていました」

「では、今日は消費税について説明しましょうか？」

「はい。お願いします」

「まず、最初に大事なことを言うと、消費税は消費者が負担する税金ですので、事業者の負担はありません」

「え、会社で消費税を払っていますよね？」

「それは、お客さんから預かった消費税を納付しているだけで、自分では負担していないのです」

「でも、会社で何か買うときは、一緒に消費税も払っていませんか？」

「先日、福利厚生費の説明でも言いましたけど、会社が経費で支払った金額のうち、消費税分は戻ってきます」

「そうでしたっけ？　じゃあ、接待で飲み食いした場合も10%

戻ってくるのですか？」

「厳密には110分の10なので、9％くらい戻ってきます」

「え!?　それならもっと使っておけばよかった！」

「でも、あまり無駄遣いはしないでくださいよ」

「……わかりました。でも、経費にすれば9％引きと同じなのですね？」

「はい。福利厚生費が節税になる理由は、ここにもあります。旅行でも観劇でも、全部9％引きになるのと同じです」

「なるほど。でも、消費税を返してもらった記憶はないのですけど」

「支払う消費税から戻ってくる消費税を差し引いて納付しているので、振り込まれてくるわけではありませんよ」

「なんだ、お金が入ってくるわけではないのですね」

「会社で建物を建てたりして1億円くらい払えば、戻ってくる消費税は900万円くらいになりますよね。そうすれば戻ってくるほうが多くなって、振り込まれてきます」

「なるほど」

「消費税はお客さんから預かったお金を納付するだけですし、事業者は消費税を負担しないので、基本的には消費税が上がっても事業者の利益は変わりません」

「では、どうして経営が厳しくなるのでしょうか？」

「消費税が上がると、みんなが物を買わなくなって売上が落ちてしまいますよね。1つのものを売ったときの利益は変わりませんけど、売れる個数が減ってしまうからです」

「そういうわけなんですね」

解説

　消費税の節税についてご説明する前に、まず消費税の仕組みについて理解していただきたいと思います。

　例えば、B電気店がメーカーから20万円で仕入れたパソコンを、A社に30万円で販売したとします。消費税がなければ、利益は30万円 − 20万円 = 10万円となります。イメージとしては、下の図のようになります（他の売上や経費はないと仮定します）。

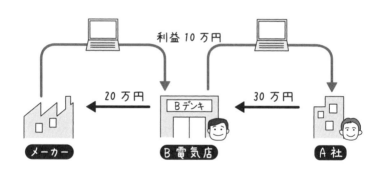

　これに消費税10%が掛かるようになると、メーカーから仕入れる金額は消費税2万円を加えた22万円となり、A社に販売する金額は消費税3万円を加えた33万円となります。

　そのうち、メーカーに支払った消費税の2万円は、事業者は消費税を負担しませんので、税務署から返してもらえます。一方でA社から預かった3万円は税務署に支払わなければなりません。実際には差額の1万円を納付することになります。

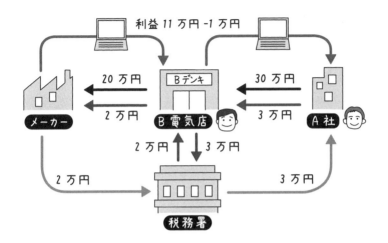

　イメージとしては上の図のようになりますが、一見するとB
電気店の利益は、売上33万円－仕入22万円＝11万円となりま
すので増えています。しかし、そこから税務署に1万円を納付し
ますので、結果的に残るのは11万円－1万円＝10万円です。利
益は1円も変わりません。

　もちろん、消費税が上がれば物が売れなくなりますので、経営
に対しては大きなマイナスになります。

　また、いったん11万円の利益が出て、納付の1万円はあとに
なるので、一時的に資金繰りがよくなります。しかし、それで油
断すると消費税が払えなくなり、資金繰りが破綻してしまいます。

　消費税では事業者の負担はありませんが、納付するのは事業者
ですので、納税資金を忘れずに確保しつつ、資金繰りを考える必
要が出てくるのです。

2 簡易課税は節税になる？簡易課税・免税事業者とは

👓「ところで消費税には『簡易課税』という制度があって、節税になる場合もあるのですけど、ご存じですか？」

😊「そういえば聞いたことがあります」

👓「先ほど、経費に含まれる消費税は戻ってくるとお話ししましたけど、簡易課税の場合は、その経費の金額を概算で計算します」

😊「概算とはどういうことですか？」

👓「売上の一定割合を経費と見なして計算するのです。例えば、小売業なら80％とか、サービス業なら50％とか業種によって決まっています」

😊「うちの業種は何％ですかね」

👓「御社の業種は『製造業等』に当たるので、70％ですね。売上が7,000万円ですから、経費は7,000万円 × 70％ = 4,900万円として、戻ってくる消費税を計算します」

😊「実際の経費はいくらでしたか？」

👓「人件費や税金などは消費税が掛かっていないので、消費税は戻ってきません。消費税が戻ってくる対象の経費は4,000万円くらいですね」

😊「ということは、簡易課税のほうがたくさん戻ってくるので

すか？」

「そうです。経費が900万円多くなりますので、その分たくさん消費税が戻ってきます」

「かなり違いますね！　うちは簡易課税でしたっけ？」

「実は、前々年度の売上が5,000万円を超えていると、簡易課税は使えないというルールになっています。残念ながら、御社で簡易課税は使えません」

「それでは仕方ないですね」

「次に、B電気店さんの言われている免税について説明します。消費税は、前々年度の売上が1,000万円以下だと、『免税事業者』と言って、消費税を納付する必要がありません」

「お客さんから預かった消費税はどうなるのですか？」

「それはそのまま事業者の利益になります。その代わり、払った経費の消費税分は戻ってきません」

「でも、すごい得ですよね。前々年度にまだ開業していない場合はどうなるのですか？」

「売上がないので免税になります。だから、個人事業から会社に変わると、最初の2年間（2事業年度）は免税事業者になるのです」

「個人事業のときの売上はカウントされないのですか？」

「されません。そこで、個人事業主で消費税をたくさん払っている人は、節税のために会社を作ったりします」

「それでB電気店さんは会社を作ると言っていたのですね」

「はい。いくつか例外規定があるので、実際に会社を作るときは注意が必要です」

▶簡易課税の納付額はどのように決まるのか

　まず、簡易課税について説明いたします。B電気店が簡易課税だった場合、納付額がいくらになるか計算してみましょう。

　通常の消費税の計算方法を「本則課税」と言います。本則課税では、支払った経費のうち消費税部分が税務署から還付されます。メーカーから20万円のパソコンを仕入れた場合、2万円の消費税を払いますので、その2万円が税務署から戻ってきます。

　しかし、簡易課税の場合は、実際に支払った経費がいくらかということは無視され、売上に一定割合を掛けた金額を経費と見なして、戻ってくる額が決まります。この割合を「みなし仕入率」と言い、業種ごとに割合が決められています。電気店であれば小売業ですので、80％となります。

　イメージとしては右の図のようになります。B電気店からメーカーには消費税を2万円しか払っていませんが、簡易課税だと売上30万円の80％が経費と見なされます。

　つまり30万円×80％＝24万円が経費の額（消費税抜き）となり、消費税は2.4万円となります。税務署からは2万円ではなく2.4万円が戻ってきますので4,000円得することになります。

　実際にはA社から預かった3万円から差し引きますので、差額の6,000円が納付額となります。22万円で仕入れて33万円で販売したので11万円の利益、そこから6,000円を納付するので、

みなし仕入率

第一種事業	90%	卸売業
第二種事業	80%	小売業、農業・林業・漁業（注）
第三種事業	70%	製造業等、農業・林業・漁業（注）
第四種事業	60%	その他の事業
第五種事業	50%	サービス業等
第六種事業	40%	不動産

（注）農業・林業・漁業のうち、飲食料品の譲渡に係る事業は80%、
それ以外は70%となる。

B電気店が簡易課税の場合

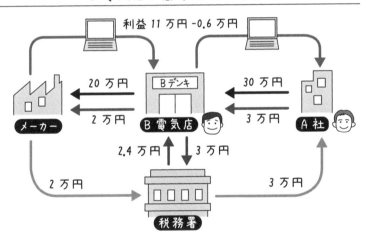

最終的な利益は10.4万円となり、最初より増えましたね。

なお、福利厚生費等で支払ったうち消費税分が戻ってくる制度は簡易課税だと当てはまりません。それ以上の金額が戻ってくれば損はしませんが、「9%引き」ではないのでご注意ください。

簡易課税にするかどうかは、その年度が始まる前に決めなければならないことになっています。また、簡易課税を一度選択すると、2年間は続けなければならないルールとなっています（売上が5,000万円を超えた場合を除く）。

　多くの場合、簡易課税のほうが納付額は安くなりますが、会社によって経費の使い方が違いますので、簡易課税のほうが損をする場合もあります。特に、1億円のビルを建てるようなケースだと、本則課税であればかなりの消費税が戻ってくるはずですが、簡易課税だと実際の経費は無視されるので戻ってきません。

　結果的にどちらの納付額が安くなるかは、その年度が終わるまではわかりません。簡易課税のほうが安いと予想して簡易課税を選択したとしても、結果的に高くなってしまう場合もあります。顧問税理士と相談して有利なほうを予想し、選択してください。

▶免税事業者は納付すべき消費税分をもらえてしまう

　次に、免税事業者についてですが、前々年度の売上が1,000万円以下の場合、または前々年度にまだ開業していない場合は、原則として消費税の納付が免除されます。

　ただし、資本金が1,000万円以上の場合、最初の6ヶ月間の売上および人件費の両方が1,000万円を超える場合など、いくつか例外規定があり、該当すると課税事業者になってしまいます。

　さて、B電気店が個人事業から会社に変わり、現在が免税事業者の場合、A社から預かった消費税3万円は、そのままB電気店の利益となります。では、B電気店に消費税3万円を払ったA社は、税務署から3万円を戻してもらえるでしょうか？

B 電気店が免税事業者の場合

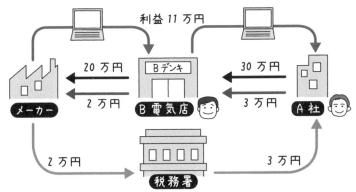

　結論から言うと、現在のところ、A 社は 3 万円を戻してもらえます。税務署は、B 電気店から 3 万円を徴収していませんので、国家予算の中から A 社に 3 万円を戻していることになります。

　一方で、B 電気店がメーカーに支払った消費税 2 万円は、メーカーが税務署に納付します。この 2 万円を B 電気店は返してもらうことができません。トータルでは、1 万円の納付が免除されたので、B 電気店は 1 万円を得したことになります。もともと10 万円だった利益が 11 万円になるのです。

　免税事業者の B 電気店が、消費税を請求してもいいのかと思われるかもしれませんが、消費税という名目を付けて請求しなくても、10％（食品等は 8％）相当額が消費税と見なされます。

　A 社にとっては消費税分が戻ってくるので、損をしているわけではありません。33 万円を請求することは問題ないのです。

3 インボイス制度で免税事業者が潰れる？

😎「ところで、もうすぐ制度が大きく変わりますので、おそらく免税事業者が損をするケースが多くなりますよ」

😊「え、どのように変わるのですか？」

😎「令和5年10月から、『インボイス制度』というものが導入されます」

😊「聞いたことはありますけど……」

😎「重要な点を言うと、何かの経費で免税事業者に支払ったとしても、消費税が戻ってこなくなります」

😊「でも、もともと税務署に納付していないのですから、戻ってこないのは当たり前ではないですか？」

😎「今までは、納付があったと見なして消費税が戻ってきていたのですよ」

😊「そうだったのですね！」

😎「消費税を納付している事業者を『課税事業者』と言いますけど、消費税が戻ってくるのは課税事業者に支払ったときだけとなります」

😊「え、お店によって変わってしまうのですか？」

😎「はい。それなら、もし、1万1,000円で同じ備品を購入するとしたら、免税事業者のお店で購入しますか？」

「課税事業者のお店だったら 1,000 円戻ってくるのですよね？　だったら課税事業者のお店に行きますよ」

「そうなりますよね。課税事業者であれば実質 1 万円ですから、免税事業者は 1 万円に値下げしないとお客さんが来てくれません」

「でも、課税事業者は預かった 1,000 円は納付するのですよね。残るお金は 1 万円ですから、免税事業者と同じではないですか？」

「その点は同じです。ただ、課税事業者は仕入れなどに払った経費の消費税部分が戻ってきますけど、免税事業者は戻ってきません」

「消費税が戻ってこない分、免税事業者のほうが損をしてしまいますね」

「そうです。それではやっていけないので、免税事業者の権利を放棄して、課税事業者になるケースが増えてくると思います」

「そんなことができるのですか？」

「はい。任意で課税事業者になることを選択できます。ですが、今まで免除されていた消費税分を納付することになるので、かなり利益が減ってしまうことになります」

「けっこう厳しくなりますね……」

「もちろん、メインのお客さんが事業者でなければ、もともと消費税は戻ってきませんので、影響は少ないです」

「業種によって影響は違うということですね」

　令和5年10月からインボイス制度が導入されます。制度導入による最も大きな変更点は、経費を免税事業者へ支払ったら消費税が戻ってこなくなることです。これまでは、税込33万円のパソコンをどのお店で買っても3万円が戻ってきました。制度導入後は免税事業者のお店で買うと、3万円が戻ってこなくなります。つまり1割増しの値段で購入することになるのです。

　接待で飲食店を使うときも、最初に「このお店は課税事業者ですか?」と確認してから使うことになるかもしれません。

　イメージとしては下の図のようになります。

B電気店が免税事業者でインボイス制度が導入されると…

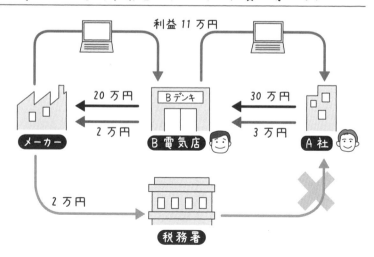

　他の課税事業者の店では実質 30 万円で買えるのですから、経費でパソコンを買う人は B 電気店に来てくれなくなってしまいます。

　もし、B 電気店が売価を 30 万円に値下げしたら、利益はどうなるでしょうか？

免税事業者のB電気店が売価を30万円に値下げした場合

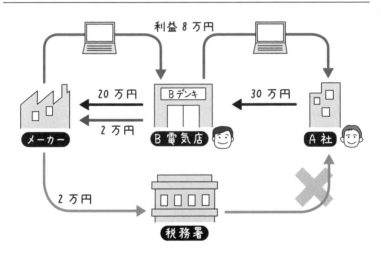

　上の図のように、売価を 30 万円に下げたとしても、仕入れの 22 万円は変わりません。免税事業者は、支払った消費税が戻ってきませんので 2 万円分損をすることになります。

　結果的に、利益は 30 万円 − 22 万円 = 8 万円に減ってしまいました。これまでは 11 万円の利益があったのに、3 万円も減ってしまいます。

このような事態を防ぐために、免税事業者になる権利があったとしても、それを放棄して課税事業者になることができます。手続きとしては、「消費税課税事業者選択届出書」という書類を提出することになります。

　課税事業者であれば下の図のように利益は10万円ですので、利益が8万円まで減ってしまうことを防げますが、現在のように11万円の利益を上げることはできなくなります。

　免税事業者は売上1,000万円以下の小規模事業者ですので、ギリギリで経営していた事業者は潰れてしまう可能性もあります。早急に経営の改善をしていかなければなりません。

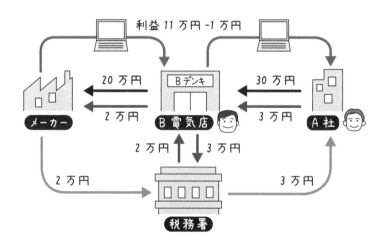

　ここまで、販売先が事業者という前提で説明してきましたが、例えば床屋さんのように、主な顧客が一般消費者であれば影響は少ないはずです（そもそも消費税は戻ってきませんので）。

　また、事業者に販売していたとしても、町の小さな八百屋さんであれば、購入する事業者は近所の定食屋さんなどだと考えられます。その定食屋さんなどが免税事業者や簡易課税の事業者であれば、影響は少なくなります。もともと免税事業者は消費税が戻ってきませんし、簡易課税の場合は払った経費とは無関係に、消費税が戻ってくるからです。取引関係も変わらないでしょう。

▶インボイス制度で最も影響を受ける人

　特に影響が大きいのは、一人でやっている事業主の人だと思います。例えばデザイナーやコンサルタント、建設業の一人親方の職人などに多い、「売上が1,000万円以下で顧客が事業者」というケースです。私も税理士として開業し、売上ゼロからスタートしましたので、しばらく免税事業者でした。もちろん顧客はほとんど事業者です。

　建設業だと、下請けでたくさんの職人を抱えているケースが多くあります。今までは下請けに支払っていた金額の約9％が戻ってきましたが、インボイス制度になると戻ってこなくなります。

　職人側が消費税分、請負金額を下げてくれれば元請けの負担は変わりませんが、応じてもらえるでしょうか。または消費税の課税事業者になってもらえるでしょうか。いずれにしても、職人の立場だと、単純に収入が減ることになってしまいます。生活も掛かっていますし、交渉が難航するかもしれません。

　インボイス制度の導入は、事実上の増税ですので、その負担をどうするかは大きな課題になると思います。

4 会社設立による消費税節税の最後のチャンス？

😊「インボイス制度は令和5年10月からですよね？　もうすぐなのに、そんなに大きく変わるなんてぜんぜん知りませんでした」

🤓「一応、経過措置というのがあって、しばらくは免税事業者から買っても、消費税相当額の一部が戻ってきます」

😊「どれくらい戻ってくるのですか？」

🤓「令和8年9月までは、消費税相当額の80％、令和11年9月までは50％が戻ってきます」

😊「普通なら1,000円戻ってくるところが、800円とか500円しか戻ってこないということですか？」

🤓「そうです。そして令和11年10月以降は1円も戻ってこなくなります」

😊「なるほど。少しずつ変わるのですね」

🤓「ですからB電気店さんみたいに個人事業を会社にして消費税を節税しようと思っている人は、早く会社を作ったほうがいいですよ」

😊「なぜですか？」

🤓「まだしばらくは免税事業者のメリットはありますけど、業種によっては、もうすぐメリットがなくなるからです」

😊「たしかに、うちの会社もB電気店さんからいろいろ買っているから、インボイス制度導入後に免税事業者になられると困りますね」

🤓「もしB電気店さんが会社を作るときに課税事業者を選択するのであれば、消費税の節税はできなくなります。節税したいのであれば、今が最後のチャンスかもしれませんよ」

😊「わかりました。B電気店さんに伝えておきます」

🤓「あと、御社の下請けで働いておられるCさんですけど、個人事業主ですよね」

😊「はい。そうです」

🤓「多分、売上は1,000万円以下だと思いますので、消費税分が戻ってこなくなりますよ」

😊「課税事業者になってもらえばいいのですよね？」

🤓「そうですけど、税負担が増えて生活が苦しくなりますから、値上げを要求されるかもしれません」

😊「う〜ん、それも困りますね……。では、この際、うちの従業員になってもらうというのはどうですか？」

🤓「たしかに今後は『下請けだと消費税が戻ってくる』というメリットがなくなりますので、従業員にしてもいいかもしれませんけど、そうなると社会保険料が掛かりますよ」

😊「そうでした。社会保険料のほうが高いですよね」

🤓「個人の下請けは消費税が戻ってくるのがメリットだと思っている人もいますけど、実際は社会保険料の節減効果のほうが大きいです。雇用するかどうかを考えるときは、社会保険料の負担も考えてくださいね」

解説

　令和5年10月からインボイス制度が始まりますが、経過措置があり、免税事業者へ支払った経費の消費税部分の一部は戻ってきます。

　まず、令和8年9月までは、支払った金額のうち消費税部分の80％が戻ってきます。例えば、B電気店がA社にパソコンを33万円で販売した場合、その110分の10である3万円を消費税と見なします。その3万円の80％ですので、2.4万円がA社に戻ってくることになります。

　A社が余計に負担する金額は6,000円ですので、そこまで大きな影響はないかもしれません。

令和 8 年 9 月まで

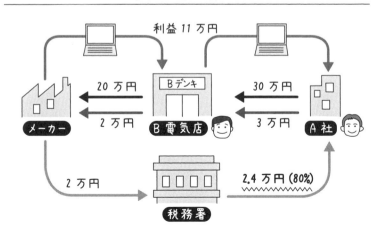

　次に令和11年9月までは、消費税の戻ってくる比率が50%になります。33万円のパソコンを販売するケースだと、A社に戻ってくるのは3万円の50%で1.5万円となります。

　こうなると、B電気店としてもパソコンの値段を下げないと、売れなくなるかもしれません。A社が他のお店で買うより不利にならないような価格調整が必要になると思います。

令和 11 年 9 月まで

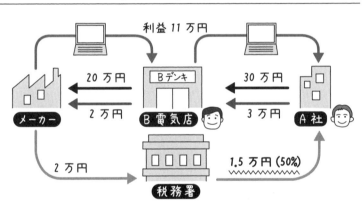

　このように、事業者を相手とする商売では、免税事業者のメリットがなくなりますので、個人事業を会社にすることで消費税の節税をするのであれば、最後のチャンスとなります。

　また、建設業などで職人をあえて雇用せず、下請けにすることで消費税分を節税する（職人は通常、免税事業者のため）ということもできなくなります。これについては、社会保険料の節減効果のほうが大きいため、合わせて考える必要があります。

5章のポイント

・消費税は、原則として事業者は負担しない

・経費として支払った消費税は、税務署から戻ってくる（消費税の納付の際に差し引く）

・簡易課税を選択した場合は、売上のみで消費税の納付額が決まり、本則課税より安くなる場合が多い

・免税事業者は、消費税を納付しなくてよい分、利益が増える

・インボイス制度が導入されると、免税事業者に経費を支払っても、消費税部分が戻ってこなくなる（段階的に導入される）

・インボイス制度導入後は、主に事業者を相手に商売をしている免税事業者は不利になるため、課税事業者を選択するケースが増えると予想される

・個人事業を会社にすることで消費税の節税をするのであれば、今が最後のチャンスである（主に個人を相手とする事業を除く）

6章

対策次第でこんなに変わる！

1円でも相続税を
安くする方法

友人・Dさん

A社長

税理士

1 相続税対策、まず相続税の総額を試算する

😀 「先生、こんにちは。今日は相続税の相談に乗っていただけ
A社長　ますか？　私もそろそろ相続税対策を考えていかなければ
　　　ならないと思いまして」

😎 「そうですね。相続税対策は、早く始めたほうが効果があり
税理士　ます。ところで、自分が死んだら相続税がどれくらい掛か
　　　るか計算したことはありますか？」

😀 「いえ、計算はしていないです。父が亡くなったときは相続
　　　税を200万円くらい払いましたけど」

😎 「でしたら、まず相続税がどれくらいになるか計算してみま
　　　しょう。計算したら税額がゼロで、対策は必要なかったと
　　　いうケースも結構ありますよ」

😀 「そうなんですか、ぜひお願いします。資料はこちらです。
　　　妻と息子と娘の3人がこのように相続する予定です」

😎 「……計算できました。財産の総額が1億4,000万円で、奥
　　　さんが6,000万円、息子さんと娘さんが4,000万円ずつで
　　　すね。相続税は息子さんと娘さんが374万円ずつです」

😀 「妻の税金はいくらですか？」

😎 「奥さんの相続財産は1億6,000万円以下で、非課税の範囲
　　　ですので、相続税は掛かりません」

「そうなんですか！　でも、子供は結構掛かりますね」

「はい。あと、息子さんか娘さんに 100 万円を生前贈与した ときに減少する相続税は、合計で約 14 万円です」

「妻に贈与したときは違うのですか？」

「奥さんに 100 万円を生前贈与すると、子供さんの相続税が 合計 5 万円ほど減ります。奥さんはもともと税額がゼロで すので、税金は減りません」

「何で妻に贈与したら子供の税金が安くなるのですか？」

「財産の総額が減ると、子供さんへの税金も安くなるという 仕組みになっています。詳しい計算方法を説明するのはち ょっと大変で……」

「難しいのですね」

「はい。ただ、このような計算をせずに相続税対策をやって いる人が多いのですけど、それではベストな相続税対策は できません」

「どうしてですか？」

「例えば、最もポピュラーな節税方法として、子供さんへの 生前贈与があります」

「私もやっていますよ。毎年 110 万円ずつ贈与すればいいん ですよね？」

「生前贈与の金額は 110 万円とは限りませんよ。それをいく らにするか決めるために、今のような計算が必要になるの です」

「そうなんですね。私の場合はどうなりますか？　ぜひ教え てください」

解説

　相続税対策をする前に最初にやるべきことは、相続税がどれくらい掛かるかを試算することです。試算してみると、相続税がゼロで対策は必要なかったという方も結構おられます。

　相続税には「基礎控除額」というものがあり、法定相続人の人数×600万円に3,000万円を足した額までは非課税となります。まず、参考に相続税の計算方法を説明しますが、複雑ですので、わからない場合は税理士に計算してもらってください。

　例えばA社長のように法定相続人が妻と息子と娘で、妻が6,000万円、息子と娘が4,000万円ずつ、合計1億4,000万円を相続する場合、相続税は以下のように計算します。

基礎控除額＝3,000万円＋600万円×3人＝4,800万円
課税遺産総額＝1億4,000万円－4,800万円＝9,200万円

　この課税遺産総額がゼロになる場合は、相続税の申告をする必要はありません。次に課税遺産総額を法定相続分で分けたと仮定したときの、それぞれが取得する財産の金額を計算します。

妻　　　9,200万円×1/2＝4,600万円
息子　　9,200万円×1/4＝2,300万円
娘　　　9,200万円×1/4＝2,300万円

　次に、その取得金額に応じた税額を計算します。税額は、下記の表の（取得金額×税率−控除額）となります。

妻　　4,600万円 ×20%−200万円＝720万円

息子　2,300万円 ×15%−50万円＝295万円

娘　　2,300万円 ×15%−50万円＝295万円

相続税率と控除額

取得金額	税率	控除額	取得金額	税率	控除額
1,000万円以下	10%	−	2億円以下	40%	1,700万円
3,000万円以下	15%	50万円	3億円以下	45%	2,700万円
5,000万円以下	20%	200万円	6億円以下	50%	4,200万円
1億円以下	30%	700万円	6億円超	55%	7,200万円

　上記の金額を合計したものを「相続税の総額」と言います。この相続税の総額を、実際に相続する割合で按分したものが、納税額となります。

相続税の総額＝720万円＋295万円＋295万円＝1,310万円

妻　　1,310万円 ×（6,000万円／1億4,000万円）＝561.4万円

息子　1,310万円 ×（4,000万円／1億4,000万円）＝374.3万円

娘　　1,310万円 ×（4,000万円／1億4,000万円）＝374.3万円

　妻はこの相続財産額だと非課税（175ページで説明）のため、息子と娘のみが納税します。実際の申告では特例の適用や、葬式費用の控除などがありますので、この金額より安くなる場合が多くなります。

▶法定相続人・法定相続分とは

　法定相続人とは、法律上、相続する権利のある人のことです。まず、配偶者や子供（先に亡くなっている場合は孫）がいる場合は、必ず法定相続人となります。子や孫がいない場合は、親が相続人となり、親が亡くなっている場合は兄弟姉妹（先に亡くなっている場合は甥姪）が相続人となります。

　この中で、兄弟姉妹や甥姪は相続税を２割加算するというルールがあります。養子は原則として加算はありませんが、孫が養子になっている場合だけ、２割加算の対象となります。

　法定相続人が相続放棄をした場合は、その人がいなかったと見なして財産を分割することになりますが、相続税の計算をするときは、誰も相続放棄をしていないと仮定して「相続税の総額」を計算します（詳しい説明は割愛させていただきます）。

　法定相続分とは、法律に定められた相続割合のことです。実際には遺言や遺産分割協議によって分け方を決めますので、法定相続分で分ける必要はありません（裁判等になった場合は、法定相続分で分けることになります）。

　具体的な割合は右ページの表のとおりです。表中の長男が相続するのであれば、1/2を２人兄妹で分けるので1/4が法定相続分となります。長男が先に亡くなっている場合は、孫２人が代わりに法定相続人となりますが、長男の相続分1/4を均等に分けて、1/8ずつが法定相続分となります。

法定相続人と法定相続分

法定相続分

配偶者・子が相続人	配偶者 $\frac{1}{2}$	子	$\frac{1}{2}$ を均等に分ける
配偶者・父母が相続人	配偶者 $\frac{2}{3}$	父母	$\frac{1}{3}$ を均等に分ける
配偶者・兄弟姉妹が相続人	配偶者 $\frac{3}{4}$	兄弟姉妹	$\frac{1}{4}$ を均等に分ける
配偶者のみが相続人	配偶者がすべて相続する		
子のみが相続人	子が均等に分ける		
父母のみが相続人	父母が均等に分ける		
兄弟姉妹のみが相続人	兄弟姉妹が均等に分ける		

2 税理士でも間違える!? 配偶者の相続割合で 変わる節税額

😎「まず、110万円以下の贈与は、贈与税が非課税なので、申告の手間が省けます」

🙂「みんな110万円以下で贈与していますよね」

😎「110万円を超える贈与をする人も結構いますよ。贈与額が110万円を超えて310万円までの場合は、110万円を超えた部分に10%の贈与税が掛かります」

🙂「ややこしいですね」

😎「例えば210万円を贈与すると、110万円を超えた額は100万円ですから、100万円×10%＝10万円の贈与税になりますね」

🙂「なるほど。でも、贈与税を払うのは損ではないですか？」

😎「損とは限りませんよ。先ほどお話ししたとおり、息子さんに100万円贈与すれば、相続税は合計14万円減ります」

🙂「そういえば、そう言われてましたね」

😎「100万円多く贈与しても贈与税は10万円ですから、それで相続税が14万円安くなるならいいのではないですか？」

🙂「たしかにそうですね。では、310万円を超えたらどうなるのですか？」

😎「310万〜410万円の部分には15%、410万〜510万円の

部分には20％というように、贈与税の税率が高くなっていきます」

「贈与税が15％だと、100万円贈与したら15万円ですよね。相続税より高くなってしまいますね！」

「財産の分け方が、今の予定どおりならそうなります」

「分け方によって変わるのですか？」

「例えば、1億4,000万円の財産のうち1億3,000万円を子供さん2人に相続させる予定だとします。その中の100万円を生前贈与すると、相続税は約17万円減ります」

「さっきと数字が違うのですね」

「はい。分け方によって節税効果が変わってしまいます。相続税が17万円減るのであれば、贈与税が15万円掛かったとしても少し節税になりますよね」

「はい。ほんのちょっとですけど」

「逆に、奥さんに1億3,000万円、子供2人に合計1,000万円相続させる予定だとすると、1,000万円のうち100万円を生前贈与しても、相続税は9.9万円しか減りません」

「それだと110万円以上贈与したら損ではないですか？」

「そうです。贈与額が110万円を超えると、100万円に対して10万円の贈与税が掛かりますので、相続税が10万円以上減らないと節税になりません」

「相続する財産が同じでも、分け方によって節税の方法が変わってしまうのですね？」

「そうです！　ところが財産の額や分け方を確認せずに、節税対策を始めてしまう人が多いのですよ！」

　生前贈与をすると、その分相続財産が減るので、相続税が安くなります。しかし、贈与額が110万円を超えると贈与税が発生します。安くなる相続税の金額が、贈与税よりも大きければ節税になりますが、逆だとかえって税金が増えてしまいます。

　贈与額が110万円を超えた場合、あと200万円（合計310万円）までは税率が10％です。例えば、あと100万円贈与しても贈与税は10万円ですので、それによって相続税が10万円以上安くなるのであれば、贈与するほうが有利ですね。

　100万円を贈与したときに、どれだけ相続税が安くなるのかを実際に計算してみましょう。A社長のケースでは、もし息子に100万円を贈与すると下記の表のようになります。

100万円を生前贈与した場合の相続税①

	取得財産	相続税		取得財産	相続税	増減
妻	6,000万円	561.4万円		6,000万円	557.9万円	−3.5万円
息子	4,000万円	374.3万円	生前贈与	3,900万円	362.7万円	−11.6万円
娘	4,000万円	374.3万円		4,000万円	371.9万円	−2.4万円
合計	1億4,000万円	1,310.0万円		1億3,900万円	1,292.5万円	−17.5万円
納税額	（妻は非課税）	748.6万円		（妻は非課税）	734.6万円	−14.0万円

　息子に100万円を贈与した結果、A社長が亡くなったときに息子が相続する財産は100万円減って3,900万円になります。これに基づいて計算しなおすと、妻、息子、娘の相続税額はそれぞ

れ 3.5 万円、11.6 万円、2.4 万円減少します。

　贈与を受けていない妻や娘の税額まで変わるのは不思議に思われるかもしれませんが、168 〜 169 ページでご説明した複雑な計算の結果、全員の税額が変わってしまうのです。

　この中で、配偶者には相続税の非課税枠があります。1 億 6,000 万円か法定相続分（1 億 4,000 万円 × 1/2 ＝ 7,000 万円）を比べ、大きいほうが非課税枠となります。配偶者が相続する財産が 1 億 6,000 万円を超えるケースは多くはなく、たいていの場合、全額が非課税となります。

　そうなると、A 社長の妻が全財産を相続すれば相続税はゼロということになりますが、妻が亡くなったときに相続税が掛かりますので、必ずしも節税になるわけではありません。

　今回のケースで、相続税を支払うのは息子と娘だけですので、生前贈与の効果は 11.6 万円 ＋ 2.4 万円 ＝ 14 万円となります。100 万円の贈与に対して 14 万円ですので、10 万円の贈与税を支払ってもトータルでは節税になります。

　内訳を見ると、息子は 10 万円の贈与税を支払って 11.6 万円の相続税が減りますので、1.6 万円の節税、娘は相続税が 2.4 万円減るので 2.4 万円の節税です。贈与を受けない娘のほうが節税になるという面白い現象が起きます。

　なお、厳密に言えば、左の表は、贈与額を 0 円から 100 万円に増やすケースですので、110 万円から 210 万円に増やすケースでは若干数字が変わります。ただ、わずかな違いですので、本書では左の表の数字を代用させていただきます。

次に、もともとの相続財産の分け方が、妻が1億3,000万円、息子と娘が500万円だったとします。息子に100万円の生前贈与をしたときの節税効果はどうなるでしょうか？

100万円を生前贈与した場合の相続税②

	取得財産	相続税		取得財産	相続税	増減
妻	1億3,000万円	1,216.4万円		1億3,000万円	1,208.8万円	−7.6万円
息子	500万円	46.8万円	生前贈与	400万円	37.2万円	−9.6万円
娘	500万円	46.8万円		500万円	46.5万円	−0.3万円
合計	1億4,000万円	1,310.0万円		1億3,900万円	1,292.5万円	−17.5万円
納税額	（妻は非課税）	93.6万円		（妻は非課税）	83.7万円	−9.9万円

計算すると上の表のようになり、相続税は9.9万円しか減少しません。もし、110万円を超えて、あと100万円の贈与をすると贈与税が10万円掛かりますので、トータルで損をすることになります。このように妻の相続割合が大きいケースの場合、非課税となる割合が高くなるため、贈与による相続税の減少幅が小さくなります。つまり節税効果が小さくなるということです。

他の税理士が作成した節税プランなどを見ると、妻の相続割合の分、節税効果が小さくなることを見落としているケースがあります。上の表で言えば17.5万円の節税ができると勘違いしてしまっています。そうなると、税率15％でも贈与をしたほうがいいことになり、多すぎる贈与をしてしまいます。

もし、相続税の節税を相談している税理士から、配偶者の相続割合を尋ねられなかったら、本書を読んでもらってください。

実際に節税プランを作成するとなると、生前贈与による節税効

果よりも、配偶者がどれだけ相続するかという割合のほうが、税額に大きな影響を与える場合があります。

　前述のとおり、すべて妻が相続すれば相続税をゼロにできますが、妻が亡くなったときには法定相続人が2人しかいないので、相続税の税率が高くなります。さらに、元々の妻の財産が多いと、それに夫の財産が加わって金額が大きくなるので、妻が亡くなったときの相続税はかなり高くなります。

　逆に、元々の妻の財産がゼロで、夫から4,200万円を相続した場合、その財産が増えなければ、妻が亡くなったときの相続税は掛かりません。相続人2名×600万円＋3,000万円＝4,200万円までは非課税だからです。このように、夫婦を含めた節税プランの作成は、両方の財産の把握が必要となり非常に大変です。

　法定相続人が子供だけの場合は、分け方にかかわらず、節税できる相続税の合計は同じです。例えば、1億4,000万円を息子と娘で半分ずつ相続する予定で、100万円を息子に生前贈与したときは下の表のようになります。分け方を変えた場合は、節税できる相続税額20万円は変わりませんが、息子と娘の節税額の内訳は変わりますのでご注意ください。

息子と娘だけが相続する場合の相続税

	取得財産	相続税		取得財産	相続税	増減
息子	7,000万円	780.0万円	生前贈与	6,900万円	764.5万円	−15.5万円
娘	7,000万円	780.0万円		7,000万円	775.5万円	−4.5万円
合計	1億4,000万円	1,560.0万円		1億3,900万円	1,540.0万円	−20.0万円
納税額		1,560.0万円			1,540.0万円	−20.0万円

3 こんな生前贈与をすると税務署が来る！

😊「あと、贈与のやり方にも注意が必要です」

😃「うちでは、息子と娘の通帳を作って110万円ずつ入金していますけど」

😊「その通帳は、本人が普段使っている通帳ですか？」

😃「いえいえ。私が預かっていますよ」

😊「そのやり方はまずいですね」

😃「なぜですか？」

😊「それだと社長がお子さんの通帳を借りて、自分の貯金をしているのと一緒ですよね」

😃「でも、渡してしまったら、無駄遣いするじゃないですか」

😊「本当に贈与したお金なら、もらった人が何に使おうが自由なはずです。今のお話だと、贈与とは言えないので、社長の貯金と見なされて相続税が掛かる可能性が高いですね。こういうのを『名義預金』と言います」

😃「でも、本人たちが、『自分が持っていました』と言えば、わからないのではないですか？」

😊「調査のプロの税務職員に嘘をつきとおせますかね。そもそも、税務署は口座の中身をチェックできるので、名義預金と思われる口座があるだけで、調査が来やすくなります」

「調査が来やすくなるのですか？」

「事前に口座を調べたら、毎年 110 万円ずつ入金されていて、1 円も使っていない。そんな口座があったら、本当に本人が通帳を持っていたのか、調べに行きたいですよね」

「たしかにそうですね。では、どうしたらいいのですか？」

「一番は、普段から使っている口座に振り込むことです」

「でも、そんなところに振り込んだら、無駄遣いしますよ」

「それが心配なら別の口座でもいいですけど、なるべく口座からお金を使ってもらってください。無駄遣いが心配なら生命保険を契約して支払いに充てるとか」

「わかりました。考えてみます」

「あと、110 万円を超える贈与なら、子供さんが贈与税を納税するので、名義預金と疑われる可能性はかなり低くなります」

「先ほども 110 万円以上贈与したほうがいいとおっしゃっていましたよね」

「それとは別の理由で、世の中には贈与税を払うために、わざと 111 万円贈与する人がたくさんいますよ」

「なぜ 111 万円なのですか？」

「111 万円の贈与だと、111 万円－ 110 万円＝ 1 万円の 10％しか税金が掛からないので、1,000 円納税すればいいんです。これで税務署に対して、贈与したという証拠が残せます」

「なるほど！　そんな方法もあるのですね！　今度から贈与税を払うようにしたいと思います！」

　相続税は、税務調査が来る割合が他の税金に比べて高く、統計上は8件に1件となっています。相続税対策の方法を間違えると、この可能性がさらに高くなりますので、注意点を説明します。

　税務調査の際によく問題になるのが、「名義預金」の申告漏れです。名義預金とは、子供名義の銀行口座にお金を入れていても、親が通帳を管理しているような預金のことを言います。

　節税のために生前贈与すると、子供が無駄遣いするのではないかと心配になることでしょう。そこで、通帳を預かって使えないようにしてしまうのです。その通帳の存在を本人が知らないというケースもあります。

　このようなお金は、贈与したとは言えませんから、親のお金と見なして相続税の対象となります。ところが、親の生前に振り込んでいるから相続税の対象にならないだろうと勘違いして、申告しない人が多いのです。そのため、税務調査では特に力を入れて調べます。

　税務署は、銀行口座の中身を調べることができますので、亡くなった方の家族や孫などの口座はよくチェックされます。その中で、毎年110万円ずつ振り込まれており、そのお金が使われていないような口座があると、名義預金の疑いがあるので税務調査の対象になりやすくなってしまいます。

　税務調査が来ると、相続税の場合、8割以上の割合で追加の納税が発生します。こちらが正しく申告したつもりでも、評価方法や解釈の違いから、申告の修正になることもあります。税務調査は来ないに越したことはありません。まずは、名義預金と疑われるような状態にしないことが大切です。

　また、名義預金と疑われないために、あえて110万円を超える贈与をして贈与税の申告をするという方法もあります。これは贈与の証拠が税務署にも残るため、確実性が高くなります。
　ただし、親が勝手に贈与税の申告書を提出するケースもあるため、100％の証拠になるわけではありません。贈与契約書を本人直筆でしっかり作っておくことも大切です。

　一番いいのは、贈与されたお金を実際に使うことです。使ってしまえば名義預金と疑われることはありません。しかし、無駄遣いをして相続税が払えなくなることも心配だと思います。
　そういう場合は、自分が死んだら保険金が出る生命保険に、子供の名義で契約させます。子供の出費は増えますが、贈与していれば生活費は減らないはずです。このようにすれば、相続税が払えなくなるという事態を防ぐことができます。
　なお、贈与されたお金をそのまま保険料に支払う形にすると、親名義の保険と見なされて死亡保険金に相続税が掛かる可能性がありますので、贈与と保険料の支払いの時期は離したほうが無難です。

4 自社株式を引き継ぐときの注意点

😊「ところで、私の場合だと310万円までであれば贈与したほうが節税になるのですよね」

😎「お聞きした分け方だと、そうなります。息子さんと娘さんに、それぞれ310万円ずつ贈与できますよ」

😊「なるほど。でも、土地とか会社の株式が多いので、そんなに贈与するお金がないんですよ」

😎「そうでしたね。でも現金ではなく、会社の株式を贈与するという方法もあります」

😊「お金で贈与するのと、どちらのほうがいいのですか？」

😎「税金のことだけ考えるなら、株式のほうが有利だと思います。株式を贈与すれば、配当の一部も子供さんに行きますので、贈与以外に配当でもお金を渡せます」

😊「子供も株主になるのですね」

😎「はい。あと、会社の株式の価格は、計算方法が決まっているのですけど、会社が成長すると高くなるので、会社が小さいうちに贈与したほうがたいていの場合、税金は安くなります」

😊「では、株式も贈与していったほうがいいですね。息子と娘に平等に贈与するということでいいですか？」

「会社の後継ぎは決まっていましたっけ？」

「今のところ、息子に継がせようと思っています」

「娘さんはお仕事をされていますか？」

「娘は子供が生まれたばかりなので、当面は専業主婦か、仕事に戻ってもパートになると思います」

「そうなると、社会保険の扶養に入っていますよね」

「はい。そうだと思います」

「私だったら、息子さんには株式を、娘さんには現金を贈与しますね」

「どうしてですか？」

「まず、娘さんは株式をもらうと、配当で収入が増えて、扶養から外れてしまう可能性があります」

「扶養から外れたら、損ですよね」

「あと、娘さんが会社を継がないのであれば、会社の株式を持っていても、メリットが少ないですね。息子さんの代になったら、配当も出るかどうかわかりませんし」

「たしかに、今は自分がもらえるから配当をたくさん出していますけど、兄弟が株主だったら出さないでしょうね」

「それに、会社を継続させていくなら、経営者の夫婦や後継者以外の人が株式を持つことはお勧めできません」

「兄弟でもダメですか？」

「兄弟が株式を持つということは、次の世代では従兄弟が株式を持つことになります。従兄弟は関係が薄いので、経営に非協力的になる可能性もあります」

「なるほど。そういうものなのですね」

解説

　生前贈与をするにしても、現金がなければ、それ以外の財産を贈与するしかありません。ただ、不動産は登記費用などが掛かるため、毎年少しずつ贈与するには不向きです。

　自分の会社の株式であれば、贈与するのにほとんど費用は掛かりませんので、生前贈与に使われるケースが少なくありません。

　株主になると、議決権（経営に参加する権利）を得ることになりますので、自分だけで経営判断をしたい場合は、議決権のない株式を発行して贈与するということも可能です。

　子供に株式を贈与した場合、配当を出すときは子供にも配当することになります。

　子供への配当にも本人に所得税等が掛かりますが、贈与税は掛かりません。自分が配当をもらっても所得税等は掛かりますので、贈与税の分だけ節税になるという考え方もできます（子供の収入が少なければ、所得税等の税率も低くなります）。

　相続税や贈与税を計算するときの株式の価額は、評価方法が決まっており、会社が成長すると高くなっていきます。成長中の会社であれば、なるべく早いうちに贈与したほうが、税金が安く済むということになります。

　自社の株式を子供に相続や贈与をする際、後継者以外の子供に株式を持たせることは、あまりお勧めできません。

例えば3%の株式を持っていれば、株主として会社の帳簿書類の閲覧を請求することができます。悪用しようと思えばできる情報です。兄弟でも疎遠なことがありますが、その次の世代となると他人に近い場合もありますので、無用なリスクを抱えることにもなりかねません。

▶事業承継税制のメリット・デメリット

自社の株式に掛かる相続税が高額になる場合は、事業承継税制という特例で対策することもできます。この制度を使うと、株式に掛かる贈与税や相続税の納付をゼロにすることも可能です。

ただし、相続後にその株式を売却したり廃業したりすると、猶予されていた税金の全額または一部を納付することになります。

また、継続届出書という書類を相続後5年は毎年、その後は3年おきにずっと出し続けなければなりません。もし会計事務所やコンサル会社に委託するのであれば、費用も掛かり続けます。

事業承継税制を適用する手続きの専門性は高く、かなり手間が掛かりますので、会計事務所等に支払う手数料も高額になりがちです。会社の規模にもよりますが、数百万円は掛かると思っていたほうがいいでしょう。

自社の株式に対する相続税が数百万円の予想であれば、別の節税方法を検討するほうが現実的だと思われます。相続税が高額になる場合は有効な対策になりますので、活用してください。

本書では、特例についての詳しい説明は省略します。活用したい方は、相続を専門的に行なっている会計事務所にご相談することをお勧めいたします。

5 アパート建築は相続税対策になるのか？

A社長「先日は相続税対策について教えていただき、ありがとうございました。今日は、友人のDさんを連れてきました」

Dさん「はじめまして。よろしくお願いします。父が88歳になるのですけど、相続税の対策を何もしていなくて……」

税理士「はじめまして。A社長から伺っております。財産に関する資料はお持ちですか？」

(A社長)「はい。こちらです。母は先に亡くなりましたので、相続人は私一人です」

(税理士)「ざっくり計算してみますね。ご自宅が5,000万円、それ以外の財産が1億5,000万円で、合計2億円です。相続税は4,860万円で、100万円を生前贈与すると相続税が40万円減少します」

(A社長)「4,860万円ですか！　やっぱり、結構しますね……」

(A社長)「どんどん生前贈与すればいいのではないですか？」

(税理士)「ただ、失礼ですけど、ご年齢を考えると有効な手段にならないかもしれません」

(A社長)「なぜですか？」

(税理士)「贈与があってから3年以内に亡くなると、贈与がなかったものとして相続税を計算するルールになっているのです。

100 万円贈与していた場合は、相続財産に 100 万円を足して計算することになります」

「3 年ですか……年齢だけにわからないですね」

「もちろん、長生きされる前提で、生前贈与はしたほうがいいと思いますけど、他の対策もしなければなりませんね」

「実は、不動産業者から税金対策でアパートを建てないかと勧められているんです」

「ご予算はどれくらいですか？」

「土地と建物で 5,000 万円ずつ、合計 1 億円掛かります。○○町○○番地で、300㎡の土地です」

「計算してみましょう……。あくまで予想ですけど、相続税の評価額は土地が 2,187 万円、建物が 2,100 万円で合計 4,287 万円になります」

「ずいぶん安いですね！　税金はどうなりますか？」

「元の財産から現金が 1 億円減った代わりに、アパートが 4,287 万円分の財産として増えます。結果的に財産が 5,713 万円分減りますので、税金は 2,285 万円安くなります」

「ぜんぜん違いますね！　やはりアパートを建てたほうがいいのでしょうか？」

「税金だけ考えたらそうですね。アパートがそれ以上の赤字を出さなければ、という前提ですけど」

「でも、不動産業者は利益が出ると言っていましたよ」

「不動産業者は売る側なので、収支計画が甘いことが多いんです。さすがに 2,000 万円も損は出ないと思いますけど、不動産に詳しい人に一度見てもらったほうがいいですね」

解説

　アパートを建てたり購入すると相続税が安くなるという話があ
りますが、本当でしょうか。一応、答えとしては本当です。
　土地や建物などを相続したときは、それを建築や購入したとき
の金額ではなく、「相続税評価額」の金額を相続したとして税額
を計算します。相続税評価額は一般的に建築・購入金額より低く
設定されているため、相続税は安くなります。
　アパートのように賃貸している場合は、さらに相続税が安くな
る仕組みとなっているため、Dさんのようにアパートの取得費用
の半分以下の評価になることもあります。

▶土地の評価

　土地の評価は、「路線価方式」または「倍率方式」という方法
で計算します。どちらの方式を採用するかは地域によって決まっ
ていますので、選べるわけではありません。

　一般的に、相続税評価額は標準的な売買価格の8割程度を目安
に設定されていると言われています。Dさんが5,000万円で土地
を購入するのであれば、相続税評価額は4,000万円程度になりま
す（場所が決まっていれば具体的な金額を計算できます）。
　ここにアパート等の賃貸物件を建てると、次の金額を評価額か
ら差し引くことができます。

差し引く金額＝元の評価額 × 借地権割合 × 借家権割合 × 賃貸割合

　借地権割合は地域によって決められており、Dさんのアパートの場所は仮に60％としておきます。借家権割合は現在のところ、全国一律30％です。

　賃貸割合は入居率のことですが、入居率が高いほど差し引く金額が大きくなり、評価が下がります。入居率が高いほうが、価値が高いように感じますが、考え方が違うのですね。Dさんのアパートは満室と仮定して計算します。

差し引く金額　4,000万円 ×60％×30％×100％＝720万円
土地の評価　　4,000万円－720万円＝3,280万円

　上記のように、評価額が3,280万円まで下がりました。さらに小規模宅地の特例という制度があり、アパートの場合、合計200㎡までの評価額を50％引きにすることができます。

　この土地が300㎡であれば、うち200㎡については評価が半分になりますので、以下のように減額します。

200m² 部分の評価　3,280万円 ×2/3＝2,187万円
上記の50％　　　　2,187万円 ×50％＝1,093万円
土地の評価額　　　3,280万円－1,093万円＝2,187万円

　このように、土地の評価額は最終的に2,187万円になりました。もともと5,000万円ですので、2,813万円も下がりました。

▶小規模宅地の特例について

　先ほど、小規模宅地の特例について紹介しましたが、アパートを建てる以外にも一定の要件を満たすと、土地の評価額が減額されます。要件が非常に細かいので、本書では概要だけ簡単に説明いたします。

　小規模宅地の特例は、下記の表のように利用区分によって6つの種類があります（②と③は要件が違います）。「被相続人」とは亡くなった人のことで、「一定の法人」とは被相続人や家族がオーナーの会社のことです。

　①と②は個人事業や家族の会社等で使っていた土地のことで、400㎡まで80％も評価額を減額できます。ただし、③〜⑤の貸付事業（アパート経営など）に該当すると200㎡まで50％減額となり、減額の幅が小さくなります。

　⑥は亡くなった人の自宅などのことで、配偶者であれば無条件に適用できますが、配偶者以外が相続する場合は、亡くなるまで

相続開始の直前における宅地等の利用区分	限度面積	減額割合
被相続人の貸付事業以外の事業用の宅地等	① 400 ㎡	80%
一定の法人の事業用の宅地等	② 400 ㎡	80%
	③ 200 ㎡	50%
一定の法人の貸付事業用の宅地等	④ 200 ㎡	50%
被相続人等の貸付事業用の宅地等	⑤ 200 ㎡	50%
被相続人等の居住の用に供されていた宅地等	⑥ 330 ㎡	80%

同居していたなどの条件を満たす必要があります。

　Dさんの父の財産に「自宅」が入っていましたが、Dさんが同居しているのであれば、小規模宅地の特例を使って評価額を減額することができます。限度面積は330㎡ですが、通常の広さの住宅であれば全敷地が該当しますし、80％も減額されるのは大きいです。この特例を使うために実家に戻って同居する人もいます。

　同居しているというのは、住民票を移すだけでなく、実際に住んでいることが必要です。税務調査でも、住んでいる実態があったのか（例えば、郵便物などが届いていたかなど）を確認される場合がありますので、気をつけてください。

　もし、自宅と個人事業用の土地が両方ある場合は、特例はどちらに使えるでしょうか。この場合は、両方とも特例を使うことができます。具体的には以下の範囲で適用できます。

〈1〉③④⑤の適用がない場合

　①＋②≦400㎡　かつ　⑥≦330㎡　を満たせばよい。

　最大で730㎡まで適用できる（①＝400㎡、⑥＝330㎡など）

〈2〉③④⑤の適用がある場合

（①＋②）×200/400＋⑥×200/330＋（③＋④＋⑤）≦200㎡

　を満たす必要がある。

（①＝100、⑥＝99、⑤＝90など

　　　　　→ 100×200/400＋99×200/330＋90＝200㎡）

▶建物の評価

　建物の相続税評価額は、原則として「固定資産税評価額」と同じになります。固定資産税評価額は市役所等が建物を調査して決めるため、実際に建ててみないと金額がわかりません。一般的には、建築費用の60％程度になることが多いと言われています。Dさんのアパートは5,000万円で建築しますので、3,000万円程度の評価額になると予想されます。

　建物の評価額も、それが賃貸物件の場合は、次の金額を差し引くことができます。

差し引く金額＝元の評価額 × 借家権割合 × 賃貸割合

　Dさんのアパートの固定資産税評価額が3,000万円だとすると、相続税評価額は以下のようになります。

差し引く金額　　3,000万円 ×30％×100％＝900万円
建物の評価　　　3,000万円－900万円＝2,100万円

　このように、建物の評価額は最終的に2,100万円になりました。建築費用は5,000万円ですので、2,900万円も下がったことになります。

　土地も合わせると、相続税計算上の財産は5,713万円分も減るので、税額はかなり下がります。

　Dさんのケースでは、現金を1億円持っていて、それを土地や

建物の購入に充てるという前提になっていますが、現金がない場合は借金をしてアパートを建てるケースもあります。

　相続税の計算をするときは、財産の金額から借金を差し引きます。Dさんが借金でアパートを建てた場合、アパートという相続財産が4,287万円分増えますが、1億円が借金で減額されて、トータルでは5,713万円の財産が減少します。節税効果は現金でアパートを建てた場合と同じです。

　では、アパートさえ建てれば解決かといえば、そうではありません。平成27年に相続税が増税されてから、「相続税対策のアパート」も増え、競争が激しくなっている地域もあります。税金が安くなったとしても、それ以上の赤字を出してしまったら、建てないほうがよかったことになります。

　特に、借金をして建てる場合は、返済が困難になってアパートを差し押さえられたり、破産したりするリスクもあり、慎重に判断すべきです。

　アパート建築を勧めてくる人は、不動産業者にしても建築業者にしても、それによって利益を得ている人です。当然、自分たちにとって都合のいい話が多くなります。

　実際にアパートを建てたり購入する際は、利害関係のない立場の不動産コンサルタントなどにも相談し、客観的なアドバイスをもらうようにしてください。

6 今すぐできる！相続税を大幅に下げる方法

😀「アパート以外に何かいい方法はありますか？」

😎「Dさんはご結婚されていますか？」

😀「はい。子供も3人おります」

😎「奥さんかお子さんを、お父さんの養子にすることで、税金を安くできますよ」

😀「養子ですか？」

😎「はい。実のお子さんがいる場合は1人までですけど、養子を取ると相続人の人数が増えるので税金が安くなります」

😀「どれくらい安くなりますか？」

😎「今のままで、誰かと養子縁組されますと、相続税は4,860万円から3,340万円になります。1,520万円も節税になりますね」

😀「そんなに下がるのですか!?」

😎「はい。相続人が増えると相続税の非課税枠も増えますし、今回は相続税の税率も下がります」

😀「でも、妻を養子にしたら、財産も半分渡すのですよね」

😎「遺言で、Dさんに全部相続させると書いておけば、基本的にはDさんが相続します。奥さんと遺産分割協議書を作成して、全部もらうということもできますよ」

「妻が1円も相続しなくても、税金が安くなるのですか？」

「はい。相続人の人数さえ増えれば節税になります」

「すごいですね！　私の娘を養子にしてもいいのですよね？」

「娘さんでも大丈夫ですよ。ただ、娘さんはお父さんから見て孫に当たるので、養子縁組したときの相続税の計算方法が少し違います」

「孫が養子だと、どう変わるのですか？」

「孫が養子の場合は、その養子が払う相続税が通常より2割加算されるというルールになっています」

「わかりました。家族と相談してみます」

「それと、相続人が増えると、生命保険の非課税枠も大きくなります。養子を取られると、500万円の非課税枠が1,000万円に増えますね」

「でも、父の年齢を考えると、生命保険なんて入れないですよ」

「88歳でも入れる保険はありますよ。概ね1,000万円を一括で払うと、亡くなったとき1,000万円もらえるような保険もあります」

「え？　それだと、ほとんど意味がないのでは……」

「その1,000万円は、相続税が非課税となります。1,000万円分に対する相続税が安くなりますよ」

「そうなんですか！　だったら、すぐに保険に入るように勧めます！」

「お父さんの健康状態にもよりますので、保険屋さんに相談してみてください」

解説

　書類を1枚作成するだけで、大幅に相続税が安くなる可能性があるのが養子縁組です。相続税の計算をする際、養子は1人まで法定相続人の人数に入れることができます。実子がいない場合は2人までとなります。

▶子供の配偶者と養子縁組する場合

　もしDさんの妻が、Dさんの父と養子縁組をしたら、相続税はどう変わるでしょうか？　下の表のように、税額は1,520万円も下がります。妻の相続財産は0円でもかまいません。トータルの納税額は分け方にかかわらず3,340万円となります。

妻が財産を相続しない場合

	取得財産	相続税		取得財産	相続税	増減
Dさん	2億円	4,860万円	養子縁組	2億円	3,340万円	−1,520万円
妻	対象外	対象外		0円	0円	0円
合計	2億円	4,860万円		2億円	3,340万円	−1,520万円
納税額		4,860万円			3,340万円	−1,520万円

妻が財産の一部を相続する場合

	取得財産	相続税		取得財産	相続税	増減
Dさん	2億円	4,860万円	養子縁組	1億円	1,670万円	−3,190万円
妻	対象外	対象外		1億円	1,670万円	1,670万円
合計	2億円	4,860万円		2億円	3,340万円	−1,520万円
納税額		4,860万円			3,340万円	−1,520万円

　Dさんの父が、遺言で「すべてDさんに相続させる」と書いていれば、妻の相続財産はゼロになりますが、妻に遺留分が発生しますので、最大5,000万円まで請求される可能性があります。夫婦であれば、そのような争いは起きないと思いますが、離婚した場合でも養子縁組は自動的に解消されませんので、気をつけてください。

▶孫と養子縁組する場合

　次に、Dさんの娘がDさんの父と養子縁組した場合は、孫が養子となりますので、「孫養子」と呼びます。孫養子が相続税を払うときは2割加算するルールとなっており、納税額は以下のようになります。税金は増えますが、Dさんが亡くなったときの相続税が安くなりますので、トータルでは節税になる場合もあります。

娘が財産を相続しない場合

	取得財産	相続税	養子縁組	取得財産	相続税	増減
Dさん	2億円	4,860万円		2億円	3,340万円	−1,520万円
娘	対象外	対象外		0円	0円	0円
合計	2億円	4,860万円		2億円	3,340万円	−1,520万円
納税額		4,860万円			3,340万円	−1,520万円

娘が財産の一部を相続する場合

	取得財産	相続税	養子縁組	取得財産	相続税	増減
Dさん	2億円	4,860万円		1億円	1,670万円	−3,190万円
娘	対象外	対象外		1億円	2,004万円	2,004万円
合計	2億円	4,860万円		2億円	3,674万円	−1,186万円
納税額		4,860万円			3,674万円	−1,186万円

▶実子がいない場合

　亡くなった人に実子がいないときは、養子を2人まで法定相続人の人数に入れて計算することができます。ただし、かえって相続税が高くなる場合もあります。

　実子がいない場合の法定相続人は、親が亡くなっていれば配偶者と兄弟姉妹です（配偶者がいなければ兄弟姉妹のみ）。高齢になると親や兄弟姉妹が先に亡くなっているケースも多く、その場合は甥や姪が法定相続人となります。甥や姪が多いと、法定相続人が多いため相続税はかなり安くなります。

　もし、法定相続人が10人いる人が、養子縁組をするとどうなるでしょうか。養子がいる場合は、兄弟姉妹も甥姪も法定相続人にはなりませんので、配偶者と養子だけが法定相続人になります。10人だった法定相続人が2人（配偶者がいなければ1人）になるので、相続税ははね上がります。

　実子がいないために、財産を相続させるために養子縁組をするケースもありますが、財産を渡したいのであれば遺言を作成するという方法もあります。養子縁組だけが選択肢ではありません。
　相続税が発生する場合は、遺言と養子縁組でどれくらい税額が変わるかを検討してから進める必要があるのです。

▶高齢でも可能な相続税対策

高齢の方でも可能な節税方法として、生命保険の終身保険を契約するという方法があります。健康状態にもよりますが、90歳でも契約できる商品もあります。

死亡保険金は相続人1人当たり500万円まで非課税ですが、養子縁組すれば、その非課税額を増やすこともできます。

ところで、以前は保険金1,000万円の終身保険だと、一時払い（一括払い）であれば1,000万円以下の保険料で契約できるのが普通でした。事実上の貯金で、お金も増えますし、相続税も安くなるのでメリットだらけだったのです。

しかし、最近は超低金利が続いたため、保険料が高くなったり、商品の販売を停止している保険会社もあります。検討される際は保険会社に商品の取り扱いを確認してください。

最後に、生前贈与についての補足をします。

生前贈与をして3年以内に亡くなると、その贈与がなかったとして相続税を計算しますが、相続人以外への贈与は対象外です。

Dさんの父であれば、Dさんの妻や子供に生前贈与すれば、たとえ翌日に亡くなっても相続財産に加算されることはありません（養子縁組している人は除く）。

高齢になってから生前贈与をするのであれば、子供ではなく孫などに贈与したほうが確実に節税になるのです。

- 年間110万円以下の生前贈与は贈与税が非課税であり、110万円を超える贈与をしても、支払う贈与税より減少する相続税のほうが多ければ節税になる

- 生前贈与によって減少する相続税の金額は、配偶者の有無や財産の分割割合によって変わってしまう

- 生前贈与は子供が実際に使っている口座に入金する。無駄遣いが心配なら、保険契約をするという方法もある

- 自社の株式の贈与（相続）は後継者のみにすることが望ましい

- アパートの評価は建築（購入）費用より小さくなるため、相続税の節税になる（ただし、アパート経営のリスクはある）

- 養子縁組すると、相続税が大幅に下がる場合がある

- 死亡保険金は一定金額まで相続税が非課税であり、高齢でも生命保険を契約できる場合もある

- 相続人への贈与は、3年以内に亡くなると「贈与がなかった」と見なされるため、高齢の場合は孫などへの贈与を検討する

7章

もっと詳しく知りたい人のために！

本書の節税法を
実践する際の注意点

1 配当と内部留保の バランスは どうしたらいいか？

▶配当を出すときの細かいルール

　まず最初に、配当を出す際の細かいルールについてご説明します。決算書は会社によって若干書式が違いますが、貸借対照表の純資産の部は、おおむね右ページのような構成になっています。ここに並んでいる数字の中で、配当に使うことができる「利益の額」とは、正確に言うと「繰越利益剰余金」の金額で、A社であれば900万円が上限となります。

　ただし、「資本準備金」と「利益準備金」の合計額が「資本金」の4分の1に満たない場合は、配当金額の一定割合を繰越利益剰余金から利益準備金として積み立てなければなりません。

　A社は資本金が1,000万円ですので、その4分の1は250万円です。資本準備金と利益準備金の合計は200万円ですので、50万円の不足です。このような場合は、足りない金額を上限として、配当金額の10％相当額を、繰越利益剰余金から利益準備金へ移動しなければなりません。

　もし、配当額が300万円であれば、30万円を利益準備金に積み立てますので、利益準備金が130万円に増えます。繰越利益剰余金は、配当に300万円支払い、30万円を利益準備金に積み立

てますので、330万円減少します。結果、繰越利益剰余金は570万円となります。配当額が800万円であれば、その10%は80万円となりますが、不足額は50万円ですので、50万円を利益準備金に積み立てればいいことになります。

　配当を出した結果、繰越利益剰余金がマイナスになることは許されていません。50万円を利益準備金に積み立てることを考えると、配当を出せる上限は850万円ということになります。

　なお、1章では利益準備金が必要な額まで積み立てられているという前提で計算をしています。

A 株式会社　貸借対照表（抜粋）

純資産の部

株主資本			
資本金	10,000,000		
資本剰余金	1,500,000		
資本準備金		1,000,000	
その他資本剰余金		500,000	
利益剰余金	12,000,000		
利益準備金		1,000,000	
その他利益剰余金		11,000,000	
任意積立金			2,000,000
繰越利益剰余金			9,000,000
純資産の部合計	23,500,000		

▶配当はどのタイミングでもらえばいいか

1章では、その年度の税引後利益をすべて配当としてもらうという前提で、最も手取りを多くする方法を説明しました。しかし、生活費に余裕があるのであれば、すぐに配当をもらわないほうが有利な場合もあります。

配当に対する所得税等は、役員報酬と合算した額に対する累進課税となっています。累進課税とは、収入が多いほど税率が高くなるという制度ですから、役員報酬が高いときに配当をもらうと税率が高くなってしまいます。さらに、個人所得（収入から一定の控除を差し引いた金額）が1,000万円を超えると、配当に対する税率がさらに高くなる仕組みになっています。

例えば、月給が120万円の人が配当を100万円もらうと、所得税等が37万円掛かりますが、月給10万円だと7万円しか掛かりません。今、会社が儲かっていて、役員報酬が高額であるならば、配当はもらわずに会社に置いておけばいいのです。

そして、業績が悪化して役員報酬を安くしているときに配当をもらえば、所得税等をかなり節税できることになります。

もし、そのタイミングで会社が赤字だったら、配当はもらえるでしょうか。会社が赤字だった場合は、繰越利益剰余金が赤字の分だけ減少します。減少したあとに繰越利益剰余金が残っていれば、配当を出すことは可能です。

早く配当を出して、自分名義の預金に入れておきたいという方

もいらっしゃると思います。しかし、会社の通帳は実質的には自分の通帳ですので、生活費を超える配当を急いで出す必要はないと私は考えています。

　配当をすぐにもらわないメリットとして、会社で急にお金が必要になったときに対応しやすいという点もあります。もし、配当としてもらったお金を、いざというときのために貯金しているとすれば、それは所得税等を払った残りの金額です。

　会社が配当を出さず、内部留保しているのであれば、所得税等は払いませんので、多くの金額を貯めておくことができます。また、金融機関は内部留保の多い会社に融資をしやすいので、資金繰りが厳しいときに有利になります。

　逆に、プライベートで急にお金が必要になったときは、内部留保をすぐに配当としてもらえばいいのです。

　内部留保は、最後、会社を解散したときに株主の手元に戻ってきます（所得税等は、解散したときに配当をもらったと見なして計算します）。ですから、ずっと配当をもらわないという選択肢もあります。

　内部留保を増やしていくのであれば、そのお金を会社の設備投資など、会社を成長させるために使うことができます。これについては次のページから説明させていただきます。

▶内部留保のススメ

1章でも、ある程度の内部留保をしたほうがいいと書きましたが、もう少し詳しくご説明いたします。

内部留保とは、会社の利益のうち配当しなかった金額のことで、203ページの表の「利益剰余金」が内部留保の合計ということになります。会社の通帳に貯金されているというイメージを持っている方も多いと思いますが、実際には設備投資などにも使われており、現金とは限りません。決算書に利益剰余金が1,200万円と書いてあるからといって、どこかに1,200万円の貯金があるわけではないのです。

これは借入金と似ています。決算書に借入金1,200万円と書いてあったとしても、それが現金で会社に残っているわけではありません。大抵の場合、機械や材料などの購入に充てられており、手元には100万円しか残っていないということもあります。

同じように、内部留保も機械や材料などの購入に充てることができるので、それだけ事業規模の拡大にもつながるのです。

本来、会社は株主が配当をもらうために設立するのですから、内部留保は原則としていつでも配当として出すことができます。

ただし、会社の安定的な経営を確保するために、あえて一部の内部留保を配当できなくするルールがあります。その1つが202ページでご説明した「利益準備金」で、強制的に内部留保させるルールとなります。

　もう1つは「任意積立金」で、これは株主で話し合って、「この金額は、配当を出さずに会社の事業資金に使おう」と決めた金額です。任意積立金は、繰越利益剰余金から積み立てますが、逆に株主が合意すれば、繰越利益剰余金に戻すこともできます。

　仮に1,000万円の機械を会社で購入したら、毎年の利益が200万円増えるとします。株主の立場であれば、すぐに配当を1,000万円もらうのと、そのお金を内部留保して1,000万円の機械を買うのではどちらが得でしょうか？

　今だけのことを考えれば1,000万円もらったほうがいいですが、機械を買えば来年以降、毎年の配当が（200万円−法人税）分、増えることになります。長い目で見れば、こちらのほうが収入が多くなります。

　さらに、内部留保が多ければ融資を受けやすいので、金融機関から1,000万円借り入れて、もう1台、機械を購入できるかもしれません。そうすれば利益は毎年400万円アップします。

　内部留保がなければ、その機械を買うお金もなく、融資も受けられずで、せっかくのビジネスチャンスを逃がすかもしれないのです。

　このように、内部留保を増やしていくことは、経営にとって非常に大事なことですので、法人税を払うのはもったいないと思わずに、しっかりと利益を出していただきたいと思います。

2 税引前利益と所得は どう違うのか？

▶ 実効税率とは何か

　会社の決算書を見ると、「税引前利益」の次に「法人税、住民税及び事業税」という項目があり、その下に「税引後利益」が記載されています。

　そのため、「税引前利益」に税率を掛けたものが法人税だと思っている方も少なくありません。しかし、実際は「所得」に対して税率を掛けて計算しています。

　所得とは、税引前利益を調整した数字のことです。具体的には、「役員賞与の加算」「賞与引当金の加算・減算」などいろいろありますが、中小企業ではあまり調整しませんので、専門的な説明は省略させていただきます。

　もし、調整が何もなければ、所得＝税引前利益となりますが、中小企業でも必ず関係があるのが「払った税金の一部が来期に戻ってくる」という内容の調整です。

「法人税、住民税及び事業税」の中の事業税（法人事業税、特別法人事業税）は、払った分、来期の所得を減らすことができます。所得が減れば、法人税が安くなりますので、税金が戻ってくるのと同じです（所得がマイナスの場合は還付も可能ですが、少額で

あれば来期に繰り越す場合が多いです)。

　例えば、100万円の利益に対して40万円の税金が掛かるけれど、来期の税金が10万円安くなるとすれば、税率は何パーセントでしょうか？

　今期だけを考えると、100万円の利益に対して40万円の税金なので税率は40%ですが、トータルで考えると税金は実質30万円ですので、税率は30%です。この場合の30%を「実効税率」と言います。

　この税率で10万円の利益を減らした場合、減少する税金は10万円×30%分の3万円です。このように、節税効果を計るときは実効税率で計算しなければなりません。

　2020年における日本の法人税の税率と実効税率は、以下のようになっています。本書では節税効果はこの実効税率によって計算しています。

法人税　税率と実効税率（東京都23区以外）

会社の所得	税率	実効税率
400万円以下	22.39%	21.37%
800万円以下	24.86%	23.17%
5,000万円以下	36.80%	33.58%

※東京23区は若干異なりますが、ほとんど同じです。

▶**本書における税引前利益と所得の関係**

　法人税の節減をするために、所得が 800 万円以下になるようにすることが大切だと説明してきましたが、所得は申告書の数字ですので、決算書のどこにも載っていません。

　事業税以外の調整がない（あるいは少額）とすれば、税引前利益から前期の事業税を引いた金額が所得と考えればよいのですが、その事業税の金額も申告書を見なければわかりません（本書では、事業税以外の調整はないという前提で計算しています）。

　そこで本書では、毎年の税引前利益が同じだと仮定したときに所得が 400 万円、800 万円となる税引前利益を計算し、税引前利益をベースとした説明をしています。

・所得 800 万円のときの事業税　→　48 万円
・税引前利益 848 万円－事業税 48 万円＝所得 800 万円
　つまり、毎年の税引前利益が 848 万円だと所得 800 万円となる。

・所得 400 万円のときの事業税　→　19 万円
・税引前利益 419 万円－事業税 19 万円＝所得 400 万円
　つまり、毎年の税引前利益が 419 万円だと所得 400 万円となる。

　しかし、実際は今期の税引前利益が 848 万円だとしても、前期の所得がゼロであれば、引かれる事業税もゼロですので、所得は 848 万円 － 0 円＝ 848 万円となってしまいます。

　本書の説明は、あくまで一般の方にわかりやすいように、決算

書の数字だけで計算をしていますので、申告書の見方のわかる方であれば、所得の金額をベースとして計画を立てていただきたいと思います。

　繰越欠損金（前期までの赤字を繰り越して、今期の所得から減らすことができる制度）についても、話が複雑になってしまいますので、基本的には考慮しておりません。
　申告書の見方がわかる方であれば、繰越欠損金がある場合は、税引前利益から繰越欠損金を引いた金額が所得だと考えてください。前期の事業税はゼロですので、事業税を引く必要はありません。

　なお、本書で説明している節税方法を実践していれば、繰越欠損金はほとんど発生しないはずです。
　法人税を減らすために、税引前利益をゼロにしようとすると、少し利益が下がっただけで赤字になってしまいます。最初から税引前利益が848万円に近づくように役員報酬などを設定していれば、赤字になる可能性は非常に低くなります。

　もし繰越欠損金が発生している場合は、役員報酬を決めるための一覧表を見るときも、実質利益から繰越欠損金を引いて考える必要があります。難しい話になってしまいましたが、より正確な結果を得たいと思う方は、この章の内容もよく理解していただきたいと思います（あるいは、税理士にご相談ください）。

7章のポイント

・配当を出すときは、一定金額を利益準備金に積み立てる

・配当をもらった場合は、役員報酬と合算して所得税等を計算する。所得税等は累進課税であるため、役員報酬が少ないときに配当をもらうほうが有利である

・配当をもらって自分の口座で貯金するより、会社の内部留保にして貯金したほうが、いざという時に使える金額が多くなる

・内部留保は、設備投資など事業規模の拡大のために使うことができる

・内部留保が多いと金融機関の評価が高くなり、融資を受けやすくなる

・実効税率とは、次年度の法人税が安くなる分も含めて計算した法人税の税率のことである

・本書では、税引前利益から予想した所得金額を使用しているが、申告書の見方がわかる人は、実際の所得金額で節税の計画を立てるべきである

巻末資料

パターン **2**

社長の手取り合計が最大となる金額表
（年金支給水準を現在の 80%とした場合） （単位：万円）

会社の 実質利益	役員報酬 （年収）	社会保険料 会社負担分	税引前 利益	税引後利益 （配当額）	将来年金を 含む 手取り合計
120	95	16	9	0	87
140	111	16	13	3	105
160	111	16	33	19	120
180	111	16	53	34	134
200	111	16	73	50	149
220	111	16	93	66	163
240	111	16	113	82	178
260	111	16	133	97	193
280	111	16	153	113	207
300	111	16	173	129	222
320	111	16	193	145	236
340	209	31	100	71	251
360	221	33	106	76	266
380	251	37	92	65	281
400	251	37	112	81	296
420	251	37	132	97	311
440	275	41	124	91	326
460	275	41	144	106	341
480	275	41	164	122	355
500	275	41	184	138	370
520	275	41	204	154	384
540	275	41	224	169	399
560	275	41	244	185	414
580	275	41	264	201	428
600	275	41	284	217	443

※税引後利益を内部留保せずに、すべて配当した場合の手取り額

会社の 実質利益	役員報酬 （年収）	社会保険料 会社負担分	税引前 利益	税引後利益 （配当額）	将来年金を 含む 手取り合計
620	275	41	304	232	457
640	251	37	352	270	471
660	251	37	372	286	484
680	111	16	553	425	497
700	111	16	573	441	511
720	99	16	605	466	524
740	87	15	638	491	537
760	75	14	671	516	550
780	75	14	691	531	563
800	75	14	711	547	575
820	75	14	731	562	588
840	75	14	751	577	601
860	75	14	771	593	613
880	75	14	791	608	626
900	75	14	811	624	639
920	75	14	831	639	652
940	87	15	838	644	664
960	99	16	845	650	677
980	111	16	853	655	689
1,000	347	52	601	462	701
1,020	347	52	621	478	714
1,040	347	52	641	493	727
1,060	347	52	661	509	739
1,080	347	52	681	524	752
1,100	347	52	701	539	765

パターン 2　社長の手取り合計が最大となる金額表
（年金支給水準を現在の 80% とした場合）　（単位：万円）

会社の実質利益	役員報酬（年収）	社会保険料会社負担分	税引前利益	税引後利益（配当額）	将来年金を含む手取り合計
1,120	347	52	721	555	777
1,140	371	55	714	549	790
1,160	371	55	734	564	802
1,180	371	55	754	579	814
1,200	371	55	774	595	827
1,220	371	55	794	610	839
1,240	371	55	814	626	851
1,260	371	55	834	641	863
1,280	395	59	826	635	875
1,300	395	59	846	650	887
1,320	473	70	777	597	900
1,340	473	70	797	613	912
1,360	473	70	817	628	924
1,380	473	70	837	643	936
1,400	509	76	815	627	948
1,420	509	76	835	642	960
1,440	545	81	814	626	972
1,460	581	87	792	609	984
1,480	617	92	771	593	995
1,500	653	98	749	576	1,007
1,520	653	98	769	591	1,017
1,540	653	98	789	607	1,028
1,560	653	98	809	622	1,038
1,580	653	98	829	637	1,049
1,600	653	98	849	653	1,060

※税引後利益を内部留保せずに、すべて配当した場合の手取り額

会社の 実質利益	役員報酬 （年収）	社会保険料 会社負担分	税引前 利益	税引後利益 （配当額）	将来年金を 含む 手取り合計
1,620	689	104	827	636	1,070
1,640	689	104	847	652	1,079
1,660	725	109	826	635	1,088
1,680	725	109	846	650	1,098
1,700	761	115	824	634	1,107
1,720	761	115	844	649	1,116
1,740	833	122	785	603	1,126
1,760	833	122	805	619	1,135
1,780	833	122	825	634	1,145
1,800	833	122	845	650	1,155
1,820	875	124	821	631	1,164
1,840	874	124	842	647	1,173
1,860	875	124	861	660	1,182
1,880	923	127	830	638	1,191
1,900	923	127	850	653	1,200
1,920	923	127	870	667	1,208
1,940	971	130	839	645	1,217
1,960	971	130	859	659	1,226
1,980	1,025	133	822	632	1,235
2,000	1,025	133	842	647	1,244
2,020	1,025	133	862	661	1,253
2,040	1,858	173	9	0	1,262
2,060	1,878	173	9	0	1,273
2,080	1,898	173	9	0	1,285
2,100	1,918	173	9	0	1,296

社長の手取り合計が最大となる金額表
（年金支給水準を現在の 90％とした場合）

（単位：万円）

会社の実質利益	役員報酬（年収）	社会保険料会社負担分	税引前利益	税引後利益（配当額）	将来年金を含む手取り合計
120	95	16	9	0	88
140	111	16	13	3	106
160	111	16	33	19	120
180	111	16	53	34	135
200	111	16	73	50	150
220	111	16	93	66	164
240	111	16	113	82	179
260	111	16	133	97	193
280	185	28	67	46	208
300	197	30	73	51	223
320	209	31	80	56	238
340	209	31	100	71	253
360	251	37	72	50	267
380	251	37	92	65	283
400	251	37	112	81	298
420	251	37	132	97	313
440	275	41	124	91	328
460	275	41	144	106	343
480	275	41	164	122	357
500	275	41	184	138	372
520	275	41	204	154	386
540	275	41	224	169	401
560	275	41	244	185	416
580	275	41	264	201	430
600	275	41	284	217	445

※税引後利益を内部留保せずに、すべて配当した場合の手取り額

会社の実質利益	役員報酬（年収）	社会保険料会社負担分	税引前利益	税引後利益（配当額）	将来年金を含む手取り合計
620	275	41	304	232	459
640	299	44	297	226	473
660	347	52	261	198	486
680	347	52	281	214	499
700	111	16	573	441	512
720	99	16	605	466	525
740	87	15	638	491	538
760	75	14	671	516	551
780	347	52	381	293	564
800	347	52	401	308	577
820	347	52	421	324	590
840	371	55	414	318	602
860	371	55	434	334	615
880	371	55	454	349	628
900	371	55	474	364	641
920	371	55	494	380	653
940	371	55	514	395	666
960	371	55	534	410	679
980	371	55	554	426	691
1,000	371	55	574	441	704
1,020	371	55	594	457	717
1,040	371	55	614	472	729
1,060	371	55	634	487	742
1,080	371	55	654	503	755
1,100	371	55	674	518	767

社長の手取り合計が最大となる金額表

（年金支給水準を現在の 90%とした場合）　（単位：万円）

会社の実質利益	役員報酬（年収）	社会保険料会社負担分	税引前利益	税引後利益（配当額）	将来年金を含む手取り合計
1,120	371	55	694	533	780
1,140	371	55	714	549	793
1,160	473	70	617	474	805
1,180	473	70	637	490	818
1,200	473	70	657	505	830
1,220	473	70	677	520	842
1,240	473	70	697	536	854
1,260	473	70	717	551	866
1,280	473	70	737	567	879
1,300	473	70	757	582	891
1,320	473	70	777	597	903
1,340	473	70	797	613	915
1,360	473	70	817	628	928
1,380	473	70	837	643	940
1,400	509	76	815	627	952
1,420	509	76	835	642	964
1,440	545	81	814	626	976
1,460	581	87	792	609	988
1,480	653	98	729	561	1,000
1,500	653	98	749	576	1,011
1,520	653	98	769	591	1,022
1,540	653	98	789	607	1,033
1,560	653	98	809	622	1,043
1,580	653	98	829	637	1,054
1,600	653	98	849	653	1,065

※税引後利益を内部留保せずに、すべて配当した場合の手取り額

会社の実質利益	役員報酬（年収）	社会保険料会社負担分	税引前利益	税引後利益（配当額）	将来年金を含む手取り合計
1,620	689	104	827	636	1,075
1,640	689	104	847	652	1,085
1,660	725	109	826	635	1,094
1,680	725	109	846	650	1,103
1,700	761	115	824	634	1,113
1,720	761	115	844	649	1,122
1,740	833	122	785	603	1,132
1,760	833	122	805	619	1,141
1,780	833	122	825	634	1,151
1,800	833	122	845	650	1,161
1,820	875	124	821	631	1,170
1,840	874	124	842	647	1,179
1,860	875	124	861	660	1,188
1,880	923	127	830	638	1,197
1,900	923	127	850	653	1,206
1,920	923	127	870	667	1,214
1,940	971	130	839	645	1,224
1,960	971	130	859	659	1,232
1,980	1,025	133	822	632	1,241
2,000	1,025	133	842	647	1,251
2,020	1,025	133	862	661	1,259
2,040	1,858	173	9	0	1,268
2,060	1,878	173	9	0	1,279
2,080	1,898	173	9	0	1,291
2,100	1,918	173	9	0	1,302

パターン4

社長の手取り合計が最大となる金額表
（年金支給水準が現在と同水準の場合）　（単位：万円）

会社の実質利益	役員報酬（年収）	社会保険料会社負担分	税引前利益	税引後利益（配当額）	将来年金を含む手取り合計
120	95	16	9	0	88
140	111	16	13	3	106
160	111	16	33	19	120
180	111	16	53	34	135
200	111	16	73	50	150
220	111	16	93	66	164
240	111	16	113	82	179
260	111	16	133	97	193
280	185	28	67	46	208
300	197	30	73	51	223
320	209	31	80	56	238
340	209	31	100	71	253
360	251	37	72	50	267
380	251	37	92	65	283
400	251	37	112	81	298
420	251	37	132	97	313
440	275	41	124	91	328
460	275	41	144	106	343
480	275	41	164	122	357
500	275	41	184	138	372
520	275	41	204	154	386
540	275	41	224	169	401
560	275	41	244	185	416
580	275	41	264	201	430
600	275	41	284	217	445

※税引後利益を内部留保せずに、すべて配当した場合の手取り額

会社の実質利益	役員報酬（年収）	社会保険料会社負担分	税引前利益	税引後利益（配当額）	将来年金を含む手取り合計
620	275	41	304	232	459
640	299	44	297	226	473
660	347	52	261	198	486
680	347	52	281	214	499
700	111	16	573	441	512
720	99	16	605	466	525
740	87	15	638	491	538
760	75	14	671	516	551
780	347	52	381	293	564
800	347	52	401	308	577
820	347	52	421	324	590
840	371	55	414	318	602
860	371	55	434	334	615
880	371	55	454	349	628
900	371	55	474	364	641
920	371	55	494	380	653
940	371	55	514	395	666
960	371	55	534	410	679
980	371	55	554	426	691
1,000	371	55	574	441	704
1,020	371	55	594	457	717
1,040	371	55	614	472	729
1,060	371	55	634	487	742
1,080	371	55	654	503	755
1,100	371	55	674	518	767

社長の手取り合計が最大となる金額表
（年金支給水準が現在と同水準の場合） （単位：万円）

会社の実質利益	役員報酬（年収）	社会保険料会社負担分	税引前利益	税引後利益（配当額）	将来年金を含む手取り合計
1,120	371	55	694	533	780
1,140	371	55	714	549	793
1,160	473	70	617	474	805
1,180	473	70	637	490	818
1,200	473	70	657	505	830
1,220	473	70	677	520	842
1,240	473	70	697	536	854
1,260	473	70	717	551	866
1,280	473	70	737	567	879
1,300	473	70	757	582	891
1,320	473	70	777	597	903
1,340	473	70	797	613	915
1,360	473	70	817	628	928
1,380	473	70	837	643	940
1,400	509	76	815	627	952
1,420	509	76	835	642	964
1,440	545	81	814	626	976
1,460	581	87	792	609	988
1,480	653	98	729	561	1,000
1,500	653	98	749	576	1,011
1,520	653	98	769	591	1,022
1,540	653	98	789	607	1,033
1,560	653	98	809	622	1,043
1,580	653	98	829	637	1,054
1,600	653	98	849	653	1,065

会社の 実質利益	役員報酬 （年収）	社会保険料 会社負担分	税引前 利益	税引後利益 （配当額）	将来年金を 含む 手取り合計
1,620	689	104	827	636	1,075
1,640	689	104	847	652	1,085
1,660	725	109	826	635	1,094
1,680	725	109	846	650	1,103
1,700	761	115	824	634	1,113
1,720	761	115	844	649	1,122
1,740	833	122	785	603	1,132
1,760	833	122	805	619	1,141
1,780	833	122	825	634	1,151
1,800	833	122	845	650	1,161
1,820	875	124	821	631	1,170
1,840	874	124	842	647	1,179
1,860	875	124	861	660	1,188
1,880	923	127	830	638	1,197
1,900	923	127	850	653	1,206
1,920	923	127	870	667	1,214
1,940	971	130	839	645	1,224
1,960	971	130	859	659	1,232
1,980	1,025	133	822	632	1,241
2,000	1,025	133	842	647	1,251
2,020	1,025	133	862	661	1,259
2,040	1,858	173	9	0	1,268
2,060	1,878	173	9	0	1,279
2,080	1,898	173	9	0	1,291
2,100	1,918	173	9	0	1,302

パターン 5 社長の手取り合計が最大となる金額表
（年金の支給を考慮しない場合）

（単位：万円）

会社の実質利益	役員報酬（年収）	社会保険料会社負担分	税引前利益	税引後利益（配当額）	将来年金を含まない手取り合計
120	95	16	9	0	80
140	111	16	13	3	98
160	111	16	33	19	113
180	111	16	53	34	128
200	111	16	73	50	142
220	111	16	93	66	157
240	111	16	113	82	171
260	111	16	133	97	186
280	111	16	153	113	201
300	111	16	173	129	215
320	111	16	193	145	230
340	111	16	213	160	244
360	111	16	233	176	259
380	111	16	253	192	274
400	111	16	273	207	288
420	111	16	293	223	303
440	111	16	313	239	317
460	111	16	333	255	332
480	111	16	353	270	347
500	111	16	373	286	361
520	111	16	393	302	376
540	111	16	413	318	390
560	111	16	433	333	405
580	111	16	453	348	419
600	111	16	473	364	433

※税引後利益を内部留保せずに、すべて配当した場合の手取り額

会社の実質利益	役員報酬（年収）	社会保険料会社負担分	税引前利益	税引後利益（配当額）	将来年金を含まない手取り合計
620	111	16	493	379	447
640	111	16	513	394	462
660	111	16	533	410	476
680	111	16	553	425	490
700	111	16	573	441	505
720	99	16	605	466	518
740	87	15	638	491	531
760	75	14	671	516	543
780	75	14	691	531	556
800	75	14	711	547	569
820	75	14	731	562	582
840	75	14	751	577	594
860	75	14	771	593	607
880	75	14	791	608	620
900	75	14	811	624	632
920	75	14	831	639	645
940	87	15	838	644	657
960	99	16	845	650	670
980	111	16	853	655	682
1,000	111	16	873	669	693
1,020	111	16	893	682	704
1,040	111	16	913	695	715
1,060	111	16	933	708	726
1,080	197	30	853	656	737
1,100	221	33	846	650	748

社長の手取り合計が最大となる金額表
（年金の支給を考慮しない場合）　　　（単位：万円）

会社の実質利益	役員報酬（年収）	社会保険料会社負担分	税引前利益	税引後利益（配当額）	将来年金を含まない手取り合計
1,120	251	37	832	640	760
1,140	251	37	852	655	772
1,160	275	41	844	649	784
1,180	299	44	837	643	795
1,200	299	44	857	658	807
1,220	323	48	849	653	819
1,240	347	52	841	647	830
1,260	347	52	861	661	841
1,280	371	55	854	656	853
1,300	395	59	846	650	864
1,320	395	59	866	664	874
1,340	419	63	858	659	885
1,360	443	67	850	654	897
1,380	473	70	837	643	908
1,400	473	70	857	658	919
1,420	473	70	877	671	930
1,440	509	76	855	657	941
1,460	545	81	834	641	951
1,480	545	81	854	656	961
1,500	581	87	832	640	971
1,520	581	87	852	655	981
1,540	581	87	872	668	990
1,560	617	92	851	654	1,001
1,580	617	92	871	667	1,010
1,600	653	98	849	653	1,020

※税引後利益を内部留保せずに、すべて配当した場合の手取り額

会社の 実質利益	役員報酬 （年収）	社会保険料 会社負担分	税引前 利益	税引後利益 （配当額）	将来年金を 含まない 手取り合計
1,620	653	98	869	666	1,029
1,640	653	98	889	679	1,038
1,660	653	98	909	693	1,046
1,680	653	98	929	706	1,054
1,700	653	98	949	719	1,063
1,720	653	98	969	732	1,071
1,740	653	98	989	746	1,079
1,760	653	98	1,009	759	1,088
1,780	833	122	825	634	1,096
1,800	833	122	845	650	1,106
1,820	875	124	821	631	1,115
1,840	874	124	842	647	1,125
1,860	875	124	861	660	1,134
1,880	923	127	830	638	1,142
1,900	923	127	850	653	1,152
1,920	923	127	870	667	1,160
1,940	971	130	839	645	1,169
1,960	971	130	859	659	1,178
1,980	1,025	133	822	632	1,186
2,000	1,025	133	842	647	1,196
2,020	1,025	133	862	661	1,205
2,040	1,858	173	9	0	1,214
2,060	1,878	173	9	0	1,225
2,080	1,898	173	9	0	1,236
2,100	1,918	173	9	0	1,247

おわりに

　本書を最後まで読んでくださった皆さん、本当にありがとうございました。

　私は、中小企業診断士の立場からも、会社を育てるには内部留保が非常に重要だと考えています。

　多くの経営者の方は「法人税を少しでも減らしてほしい」とおっしゃいます。しかし、法人税を払わなければ、内部留保を増やすことはできません。

　そこで本書では、所得800万円以下の部分の法人税は払ったほうが得であることをお示ししました。役員報酬より配当のほうが有利なのですから、さほど抵抗なく法人税を払えるのではないかと思います。

　そして、配当はいつでももらえるのですから、内部留保しておきましょう。そういうことであれば、皆さんも積極的に内部留保を増やしていけるのではないでしょうか。

　最終的には、皆さんの会社の内部留保が増え、さらに成長・発展していかれることが本書の真のねらいです。少しでもそのお役に立てれば幸甚です。

斎尾　裕史

著者略歴

斎尾裕史（さいお　ひろふみ）

税理士、中小企業診断士、ＭＢＡ
1975年生まれ。東京大学農学部卒業後、名古屋商科大学大学院修了。仏教講師、会計事務所勤務等を経て、税理士事務所を経営。約100社の法人顧問を務め、節税や経営の指導を行なっている。
商工会議所等で行なう節税セミナーは「わかりやすい、役に立つ」と定評がある。

■連絡先
斎尾裕史税理士事務所
住所　〒444-0041　愛知県岡崎市籠田町36番地　竹内ビル3階
TEL　0564-64-2324
Email　hirofumi@saio.biz
URL　https://saio.biz

東大卒税理士が教える
会社を育てる節税の新常識

2021 年 5 月 7 日　初版発行
2021 年 11 月 11 日　3 刷発行

著　者 ── 斎尾裕史

発行者 ── 中島治久

発行所 ── 同文舘出版株式会社

東京都千代田区神田神保町 1-41　〒 101-0051
電話　営業 03（3294）1801　編集 03（3294）1802
振替 00100-8-42935
http://www.dobunkan.co.jp/

©H.Saio　　　　　　　　　　ISBN978-4-495-54079-1
印刷／製本：三美印刷　　　　Printed in Japan 2021